U0517510

高星级酒店炫耀性营销研究：企业社会责任的新探索

黎耀奇　谢礼珊　著

中国财经出版传媒集团

经济科学出版社

Economic Science Press

图书在版编目（CIP）数据

高星级酒店炫耀性营销研究：企业社会责任的
新探索/黎耀奇，谢礼珊著 . —北京：经济科学
出版社，2019.1
ISBN 978 - 7 - 5218 - 0209 - 2

Ⅰ.①高… Ⅱ.①黎…②谢… Ⅲ.①饭店 -
市场营销 - 研究 Ⅳ.①F719.2

中国版本图书馆 CIP 数据核字（2019）第 014397 号

责任编辑：黄双蓉
责任校对：杨　海
责任印制：邱　天

高星级酒店炫耀性营销研究：企业社会责任的新探索

黎耀奇　谢礼珊　著

经济科学出版社出版、发行　新华书店经销
社址：北京市海淀区阜成路甲 28 号　邮编：100142
总编部电话：010 - 88191217　发行部电话：010 - 88191522
网址：www. esp. com. cn
电子邮件：esp@ esp. com. cn
天猫网店：经济科学出版社旗舰店
网址：http://jjkxcbs. tmall. com
固安华明印业有限公司印装
710 × 1000　16 开　9.5 印张　200000 字
2019 年 1 月第 1 版　2019 年 1 月第 1 次印刷
ISBN 978 - 7 - 5218 - 0209 - 2　定价：39.00 元
（图书出现印装问题，本社负责调换。电话：010 - 88191510）
（版权所有　侵权必究　打击盗版　举报热线：010 - 88191661
QQ：2242791300　营销中心电话：010 - 88191537
电子邮箱：dbts@ esp. com. cn）

前　言

　　随着全球经济的腾飞以及旅游消费文化的普及，旅游成为一种全球性现象，旅行中入住高星级酒店也是不少游客的选择。作为一种现代的社交方式，很多游客会在社交媒介中发布自己旅行的动态，"炫"消费，"炫"幸福，甚至是"炫"财富。为了迎合消费者通过炫耀性消费来争取理想的社会地位的消费心理，"炫耀"成为部分企业有意无意的新营销方式。自经济学家凡勃仑在其著作《有闲阶级论——关于制度的经济研究》中提出"炫耀性消费"这个概念以来，炫耀性消费已经受到社会科学界的广泛关注。其中，社会学、消费者行为学和营销学的学者大量引入心理学和社会学的方法，对炫耀性消费尤其是奢侈品消费进行了广泛而又深入的研究。然而，已有研究的重点往往局限于消费者的炫耀性消费行为，极少对商家的炫耀性营销进行分析。对于酒店集团或单个酒店而言，炫耀性营销的确可以带来更大的关注度和媒体曝光率。但是，炫耀性营销却是一把锋利的"双刃剑"，它既可以通过消费者的攀比心理和认同心理，赋予商品或服务象征性的价值，提高消费者的评价；但也不可避免地带来消费大众对财富的抵触心理，使人们产生挫败感，并产生愤怒甚至是敌对攻击情绪，最终有可能发展成为攻击行为。

　　那么，对于高星级酒店，炫耀性营销是否带来了社会公众的财富抵触心理？这种财富抵触心理是否给酒店带来负面的社会公众评价？假如酒店的炫耀性营销带来了财富抵触心理以及负面的社会公众评价，酒店管理者应该如何消除这种负面影响？以上问题成为采用炫耀性营销的高星级酒店或其他奢侈产品迫切需要解决的战略性议题。然而，已有研究尚未对社会公众财富抵触心理的负面效应进行深入的研究。

鉴于此，本书所要解决的三个问题是：第一，检验酒店的炫耀性营销是否会引起社会公众财富抵触心理，探讨财富抵触心理对社会公众评价的负面影响；第二，探讨酒店的社会责任信息对社会公众财富抵触心理负面效应的抑制作用，对比不同类型的社会责任信息作用的异同；第三，深入分析社会公众解释水平及社会责任信息呈现方式对该抑制作用的调节效应。针对上述问题，本书首先梳理了目前关于炫耀性消费、炫耀性营销、财富抵触心理、酒店社会责任、社会公众态度评价等方面的相关文献，然后在社会学的社会分层理论、挫折－攻击理论、财富正当性观点以及心理学的解释水平理论等理论基础上提出研究假设，再通过 3 个实验进行假设检验。

本研究的主要发现是：高星级酒店的炫耀性营销会引致社会公众的财富抵触心理，并最终产生负面的态度评价。此外，酒店社会责任对财富抵触心理负面效应具有显著的抑制作用，这种抑制作用进一步受到社会公众解释水平及社会责任信息呈现方式的调节。本研究的理论贡献在于揭示了炫耀性营销对社会公众财富抵触心理及酒店态度评价的影响机制，创新性地探讨了酒店社会责任对该负面效应的抑制作用，并厘清了解释水平和社会责任信息的呈现方式的调节效应。最终提出了降低财富抵触心理负面效应的一系列营销策略，为高星级酒店塑造正面公众形象提供战略方面的启示。

尽管我们对本书的内容进行了多次修改，但书中难免存在错误和不足之处，我们诚恳希望学者们批评指正，也热诚欢迎各位读者提出宝贵意见。

黎耀奇　谢礼珊
2019 年 1 月

目　录
CONTENTS

第 1 章

引　言

1.1　研究背景和研究问题

　　随着全球经济的腾飞以及旅游消费文化的普及，旅游已经成为一种广泛的全球性现象，旅游业也已经成为全球经济中增长最快的行业之一（Walle，1995；Kasim，2006）。20 世纪 90 年代，旅游业已经超过石油产业，成为全球最大的收入来源产业（Frangialli，1999）。到 2000 年，旅游及旅游相关的产业，粗略估计带来了超过 2 万亿美元的收入，并且提供了全球将近 15% 的就业人口（Faulkner et al.，2000）。对于发展中国家，近年来，在国际旅游方面也取得了长足的发展，从 1970 年代 10% 的年增长率，发展到 2000 年 30% 的年增长率，其中东亚和亚太地区的增长尤为明显（World Travel and Tourism Council，2000）。世界旅游组织（World Tourism Organization，WTO）预测在 2000～2020 年，国际旅游年增长率为 4.3%，并预期在 2020 年国际旅游将达到 160 亿人次（WTO，1997）。2017 年，中国国内旅游人数已达到 50.01 亿人次，比上年同期增长 12.8%；出入境旅游总人数 2.7 亿人次，同比增长 3.7%；全年实现旅游总收入 5.40 万亿元，增长 15.1%。初步测算，全年全国旅游业对 GDP 的综合贡献为 9.13 万亿元，占 GDP 总量的 11.04%。旅游直接就业人员 2825 万人，直接和间接就业人员 7990 万人，占全国就业总人口的 10.28%①。

2009～2017 年国家相继出台了《国务院关于加快发展旅游业的意见》《国民旅游休闲纲要》《国务院办公厅关于进一步促进旅游投资和消费的若干意见》《中国旅游业"十三五"发展规划纲要》等支持旅游业发展的重要政策及规划，把旅游业作为国民经济的战略性支柱产业和人民群众更加满意的现代服务业加以大力发展，并制定了"十三五"期间旅游业发展的总体规划。中国国家旅游局局长邵琪伟表示，旅游业增加值已占到我国 GDP 的 4% 以上，今后中国还将对旅游业加大政府投入，并将制定国民旅游休闲纲要②。此外，国务院已经决定将旅游发展基金保留到 2015 年。据路透社报道，在中国，有超过 110 个行业与旅游业息息相关，旅游业发展带动了社会投资，促进了相关产业发展。其中，旅游业对住宿业、交通运输业等的贡献率甚至分别超过了 90% 和 80%。因此，无论是对全球的经济还是对中国的经济，旅游产业都起到了至关重要的作用，在制造业逐渐衰退的大背景下，其为经济发展提供了强有力的增长来源。

然而，在行业迅猛发展的同时，不少旅游企业和旅游者表现出了一定的炫富行为。"炫富"一词是教育部在 2007 年 8 月公布的汉语新词之一，指展示、炫耀财富的个人或组织行为（周荐，2007）。炫富行为既可能是个人的炫耀性消费行为，也可能是组织的一种炫耀性营销传播方式。在个体层面，近年来的"炫富门"屡见不鲜，如郭美美的微博炫富事件以及随后的炫富弟事件便是两个典型的例子。在这两起炫富事件中，郭美美通过微博大肆炫耀自己的奢华生活，炫富弟也不断在腾讯微博上晒兰博基尼、法拉利等跑车及各种名牌包，他们的共同之处都是通过社交网络展示自己的奢侈生活，引起了广大网民的关注和非议。相比郭美美和炫富弟的个人炫富行为，中国出境旅游者的群体炫富行为引起了全球范围内的反响。据环球时报 2010 年 2 月 18 日报道，美国商务部的统计结果显示，赴美旅游的中国千人观光团在美

---

① 中华人民共和国文化与旅游部，http：//zwgk. mct. gov. cn/auto255/201802/t20180206_832375. html.

② 路透北京 12 月 28 日电，http：//cn. reuters. com/article/CNTravelNews/idCNCNE7BR07U20111228.

国游玩期间，人均花费高达 5 万人民币[①]。在报道之后，该旅游团受到了大众媒体、广大网民的口诛笔伐。用"财神爷""世界救星"等言论对该千人观光团的冷嘲热讽不绝于耳，"炫富""未富先奢"等批评指责也不在少数，有的甚至还上升到影响社会和谐的高度。一时间，海外旅游购物似乎被污名化，成为千夫所指的对象。

在组织层面，不少旅游企业的装潢、营销传播等也被贴上了"炫富"的标签。如河北鹿泉的"元宝塔"和华西村的龙希国际大酒店。2012 年，人民网以"河北宝塔全身摆满金元宝入选十大最丑建筑"为标题报道了元宝塔事件，认为元宝塔赤裸裸的拜金主义行为给整个景区景点都带了严重的负面影响[②]。广大网民认为，元宝塔折射出了景区唯金钱马首是瞻、赤裸裸的拜金主义，使景区蒙受了巨大的损失。另一个引起广大网民非议的是华西村的黄金大酒店。江苏省华西村耗资 30 多亿元建成了奢华的黄金酒店，该酒店使用黄金餐具、金箔扶手等作为酒店的用具，导致大部分消费者给华西村贴上了"炫富"的标签，激起了广大民众的愤怒和怨恨。

对于一个城市、一个酒店而言，用建筑来炫耀或崇拜财富，在遭受大把鄙夷和调侃的同时，也的确可以带来更高的关注度和媒体曝光率，因此，"炫富"成了部分企业有意无意的新营销方式。一方面，炫耀式的广告营销赋予了商品或服务象征性的符号价值，并通过消费者的攀比心理和认同心理，将该产品或服务当成一种获得和保持某种良好社会身份的方式进行营销，最终起到提高消费者评价的作用；另一方面，炫耀式的广告营销也不可避免地带来消费大众的财富抵触心理，使人们产生挫败感，甚至是愤怒和敌对攻击情绪，最终有可能发展成为挫折—攻击行为（胡桂英，2012）。

鉴于此，本书研究的第一个问题是，对于旅游组织而言，尤其是高星级酒店，炫耀性营销是否带来了社会公众的财富抵触心理，这种财富抵触心理是否给酒店带来了负面的社会公众评价。

---

① 环球时报，http：//world. huanqiu. com/roll/2010 - 02/719709. html.

② 人民网 . http：//bj. people. com. cn/n/2013/0111/c233086 - 18003250. html.

　　假如酒店的炫耀性营销带来了财富抵触心理以及负面的社会公众评价，那么，应该如何消除呢？马克斯·韦伯在论及财富的正当性时指出，人们对他者财富正当性与否的依据主要有三个方面的价值判断：第一，关于财富来源的认知判断。财富来源可以是运气使然，如巨额彩票的中奖，可以是社会的给予、第三方的帮助，如对先辈财产的继承，也可以是个体的奋斗，如创业致富。越是不劳而获的财富，越容易被认为是不正当的，并引起人们的抵触。第二，关于财富取得手段的价值判断。财富可以是通过合理公平的方式创造，也可以是通过强取豪夺、坑蒙拐骗偷等方式牟取。但后者必定引起人们的抵触心理。第三，关于财富应用的价值判断。财富可以用于满足个人不断膨胀的欲望，使人过上奢华的生活，也可以是用于回馈社会、捐助穷人，致力于提高社会的福利水平。在本书的研究中，企业用于炫耀性营销的财富都是指通过合法经营的劳动所得，并不包括那些不劳而获或者通过非法途径获取的财富。也就是说，本书讨论的消费大众对企业财富抵触心理的来源，主要是针对企业的财富应用、支配方式是否得当的价值判断。基于韦伯的财富正当性理论，酒店可以通过将财富回馈社会、积极履行企业社会责任等方式，提高企业财富支配方式的正当性，进而消除或降低消费大众对企业的财富抵触心理。关于企业社会责任的作用，已有大量研究表明，积极履行社会责任，能提高消费者对企业的认可和评价（Brown & Dacin，1997；Sen & Bhattacharya，2001；Berens，Van Reil & Van Bruggen，2005）、增强品牌和影响力（Houston & Johnson，2000；Luo & Bhattacharya，2006）、减少广告支出进而降低经营成本（McWilliams & Siegel，2001）、吸引人才及投资者的青睐等（Bhattacharya & Sen，2004；Maignan & Ferrel，2004；McWilliams，Siegel & Wright，2006）。但是，到目前为止，还没有相关文献探讨企业社会责任对社会公众财富抵触心理负面效应的抑制作用。对于该问题，无论是实践还是理论，都较为匮乏。因此，本书研究的第二个问题是，酒店的社会责任实践是否能够降低财富抵触心理带来的负面社会公众评价。

　　在目前企业社会责任的管理实践中，主要采用的是卡罗尔（Carroll）社会责任金字塔的观点，认为企业社会责任可以从经济、法律、伦理和慈善四个方面入手，并且主要以慈善责任及伦理责任中的员工待遇为主。由于社会责任的内容具有一定的时期性，环境责任这一重要的社会责任并没有在社会责任金字塔模型里体现出来。对于酒店而言，由于他们与环境息息相关，环境责任对旅游企业的意义尤为重要，需要酒店业给予更多的关注（Gu & Chris，2011）。国内外的酒店社会责任报告也表明，在目前酒店社会责任实践中，区别于其他行业，慈善责任、环境责任以及员工雇佣质量受到的关注最多（de Grosbois，2011；张梦等，2012）。在目前的旅游学术界，探讨不同种类社会责任的效果差异的研究实为罕见，关于不同种类的社会责任抵制社会公众财富抵触心理负面效应的效果分析，更为缺乏。因此，本书第三个研究的问题是，在目前最受酒店管理者重视的社会责任中，何种类型的社会责任在抵制社会公众财富抵触心理负面效应方面的效果最好？是慈善事业，还是保护环境，或是提高雇佣质量的社会责任更有效呢？

在此基础上，本书还会以个体受众对社会责任信息的表征方式，进一步探讨社会责任的呈现与社会公众的解释水平是如何影响他们对社会责任的感知和评价的。解释水平理论强调个人对环境的感知和理解是具有情境性和个体倾向的，人们对客观事物的反应取决于他们对该事物的心理表征（李雁晨、周庭锐和周琇，2009；Trope & Liberman，2003），这种心理表征具有层次性，而层次性的重要表现形式便是人们感知到的抽象化程度，抽象程度代表着个体的解释水平。在评价、判断和决策制定时，个体更加关切与其解释水平相匹配的信息、经验和事物（Trope & Liberman，2000）。因此，高水平解释的个体更易被具有抽象和一般性特征的刺激所影响；而低水平解释的个体更易被具有具体和细节性特征的刺激所影响（Hilton & Von Hippel，1996）。因此，本书研究的最后一个问题是，酒店在进行社会责任营销传播时，采用具体的信息呈现还是抽象的信息呈现更能提高营销效果？是否需要启动社会公众的解释水平，并配以相对应的信息呈现方式，以提高社会公众的表征效果？

1.2 研 究 目 的

本研究以高星级酒店为背景，旨在探讨社会公众财富抵触心理对酒店评价的负面作用，以及酒店社会责任信息对该负面作用的抑制效应。基于上述研究问题，本书主要有以下研究目的：

第一，检验酒店的炫耀性营销是否会引起社会公众财富抵触心理，探讨财富抵触心理对社会公众评价的负面影响。

第二，探讨酒店的社会责任信息对社会公众财富抵触心理负面效应的抑制作用，并对比不同类型的社会责任信息作用的异同。

第三，深入分析社会公众解释水平和酒店社会责任信息呈现的抽象性对财富抵触心理效应抑制作用的调节效应。

1.3 研究内容和研究步骤

1.3.1 研究内容

针对以上三个研究目的，本书将开展三个实验来系统分析所要研究的问题。

实验1：检验社会公众财富抵触心理对社会公众评价的负向影响。实验1通过操控财富抵触心理［强（炫耀性营销）vs 弱（没有炫耀性营销）］，检验炫耀性营销是否会带来消费大众财富抵触心理，以及社会公众财富抵触心理对酒店评价的负面影响。

实验2：检验酒店社会责任信息对财富抵触心理负面影响的抑制作用。实验2针对强财富抵触心理的被试，通过操控社会责任信息（慈善责任 vs 环境保护 vs 雇佣质量 vs 控制组），检验企业不同类型的社会责任信息对社会公众财富抵触心理负面影响的抑制作用。

实验 3：检验社会公众解释水平和酒店社会责任信息呈现的抽象性的作用。实验 3 针对强财富抵触心理的被试，通过操控社会责任信息（慈善责任 vs 环境保护）×信息抽象性（抽象的 vs 具体的）×解释水平（高 vs 低），检验社会公众解释水平和酒店社会责任信息呈现的抽象性对财富抵触心理效应抑制作用的调节效应。

1.3.2　研究步骤

（1）文献研究：查阅国内外有关的文献资料，包括社会公众财富抵触心理、炫耀性营销、酒店社会责任、社会公众态度评价等概念的综述和研究现状，对现有研究成果进行归纳和总结，梳理不同概念之间的关系。

（2）借用挫折—攻击理论，论述本研究的理论基础。

（3）结合文献归纳，根据社会分层理论、财富正当性观点以及解释水平理论提出本研究具体的研究逻辑，建立一系列的相关假设。

（4）采用情景实验的方法，检验所提出的研究假设。具体来说，在实验 1 中，酒店的炫耀性营销与财富抵触心理的关系将会得到确认，社会公众财富抵触心理对社会公众酒店评价的负面影响作用得到了分析。实验 2 分析了酒店社会责任信息对社会公众财富抵触心理与酒店评价关系的调节作用，以及不同类型的社会责任的作用。在此基础上，实验 3 进一步检验了针对社会公众解释水平和酒店社会责任信息呈现的抽象性的调节作用。本研究期望通过这三个实验，以酒店为例，分析财富抵触心理对酒店评价的负面影响，以及酒店社会责任信息对该负面作用的抑制作用。

（5）根据实验数据研究结果，得出研究结论，检验酒店炫耀性营销与社会公众财富抵触心理，以及财富抵触心理带来的社会公众负面评价。在此基础上，探讨酒店社会责任信息对财富抵触心理负面影响的抑制作用，以及解释水平和社会责任信息呈现的抽象性的调节作用。在本书的最后，为酒店如何制定和实施社会责任策略提出建设性的建议。

本书的研究步骤与技术路线如图 1.1 所示。

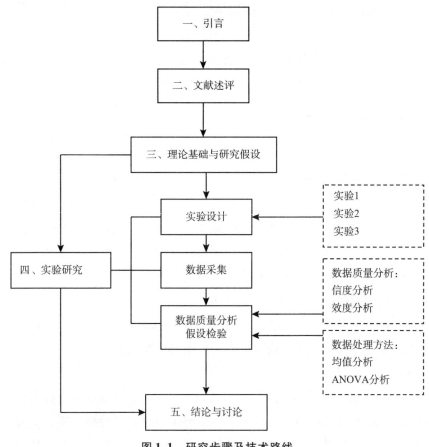

图1.1　研究步骤及技术路线

1.3.3　研究方法

本书采用理论分析和实证研究相结合的方法对所要研究的问题进行了深入分析。在理论分析方面，立足于实践中发生的问题，通过对文献的系统回顾整理，结合相关理论，最终提出研究假设。在研究过程中所使用到的理论包括挫折—攻击理论、社会分层理论、财富正当性观点、解释水平理论等。

本书所采用的实证研究方法主要是情景实验法。情景实验法的特点是，通过系统操纵或改变一个变量，观察其对另一个变量造成的影响，并在此基础上揭示变量之间的因果关系，它尤其适合于探索性、开拓性的研究。在研

究的过程中，首先设计了试验所需的材料并对其进行测评，以确保材料符合
实验的要求；接下来，通过实验设计对自变量进行操纵或改变，探究其对因
变量的影响；在获取实验数据之后，使用 SPSS 统计软件对数据进行分析，
并验证假设。所运用的统计技术主要包括单因素方差分析、双因素方差分析
和调节分析等。

1.4　研究的创新点

本书从挫折—攻击理论、社会分层理论、财富正当性观点以及解释水平
理论出发，力图系统详尽地探讨酒店社会责任对财富抵触心理负面效应的抑
制作用。通过一系列情景实验，检验了高星级酒店的炫耀性营销可能带来的
财富抵触心理问题，以及如何降低这种财富抵触心理的负面影响的营销措
施，以期对财富抵触心理与酒店社会责任研究提出新的研究视角，丰富相关
理论和实践指导意义。具体而言，本研究有以下创新点：

第一个研究创新点是：根据挫折—攻击理论以及社会分层理论，论证了
炫耀性营销可能带来的消费大众财富抵触心理问题，并且对财富抵触心理产
生的负面评价进行了检验。炫耀性营销常用于房地产开发商的广告营销中，
近年来，不少旅游企业也在有意无意地使用这种炫耀性营销，如河北鹿泉的
元宝塔以及华西村的龙希国际大酒店等。这种新的营销方式，虽然能带来目
标顾客的偏好，但也容易使消费大众产生财富抵触心理，对企业形象有着不
可忽视的损害。财富抵触心理在中国有着历史背景和现实的社会背景，对消
费大众的日常生活和消费行为有着重大的影响。然而，目前为止，国内外的
旅游研究和营销研究学者并没有对财富抵触心理问题给予重视，炫耀性营销
与财富抵触心理的关系及财富抵触心理的负面影响等研究有待学者们的进一
步研究。

第二个研究创新点是：根据马克斯·韦伯（Max Weber）的财富正当性
理论，开创性地提出了酒店社会责任信息能够有效降低财富抵触心理引起的
负面社会公众评价，是炫富式营销的有效解决手段。马克斯·韦伯指出，人

们对财富正当性的判断来自三个方面，分别是个人努力贡献程度、财富来源的合法性以及财富的用途。在个人或组织通过自己公平合法的勤劳途径获得财富的时候，只要他们将财富用于回馈社会、支持慈善事业等公益行为，便能够有效地降低人们对财富的敌意，进而降低财富抵触心理可能带来的负面影响。因此，根据财富正当性理论，理论上看来，企业社会责任能够有效地抑制财富抵触心理的负面效应，能够很好地削弱炫耀性营销带来的消极影响。然而，目前学术界并没有社会责任对财富抵触心理负面效应抑制作用问题的相关研究，实践界缺乏理论上的指导。

第三个研究创新点是：根据解释水平理论，进一步分析了社会公众解释水平和酒店社会责任信息呈现的抽象性的调节作用。在酒店社会责任信息营销传播方式上，酒店既可以选用具体的传播方式，也可以选择抽象的传播方式，解释水平理论指出，人对某一时间的反应取决于对事件的心理表征，当个体处于高解释水平时，更倾向于采用抽象的方式进行表征；当处于低解释水平时，更倾向于采用具体的方式进行表征。本书检验了社会公众的解释水平以及酒店的社会责任信息抽象性对财富抵触心理效应抑制作用的调节效应，并以此对酒店社会责任信息的营销传播提出实践性的建议。

第 2 章

文 献 述 评

本章主要包括以下四个部分：社会公众财富抵触心理、炫耀性营销、酒店社会责任以及社会公众态度评价。

2.1 财富抵触心理

2.1.1 财富抵触心理的概念及内涵

虽然"财富抵触心理"这个概念已经频繁地出现在各大公众媒体报道及互联网议论中，学术界也对财富抵触心理展开了一定范围的讨论（如表 2.1 所示），但是，目前而言，还没有一个对财富抵触心理的确切含义。

表 2.1 财富抵触心理的概念界定

学者	年份	财富抵触心理的定义
胡丰顺等	2005	财富抵触心理是指社会弱势群体对已经富起来的人充满偏见、嫉妒，甚至憎恨、伤害；他们常对富人的不幸幸灾乐祸
杨茜和江严	2006	财富抵触心理的产生，其实是将公众对权势资本家的抵触、对腐败的抵触转化到了对整个富人阶层的抵触中

续表

学者	年份	财富抵触心理的定义
郝亚明等	2007	财富抵触心理是指由于贫富差距加大而导致的一种心理失衡状态，主要表现为对富人的抵触与憎恨
李贵成	2007	财富抵触心理是由于弱势群体对社会和群体的归属、依赖心理，这使他们难以接受现实，普遍表现出具有较为严重的相对剥夺感和较为强烈的受挫情绪，从而发展成为对社会的抵触、对抗的心理
李素芳	2007	财富抵触心态是一种嫉妒心理在作祟、对财富的不正常心态。它沉淀于部分人的内心世界，具有潜藏性、隐蔽性，是不可直接感知的，但它又要通过一定的方式表现于外
韦诗业	2007	所谓财富抵触心理，主要是指特定的经济政治体制下，由于各种原因而导致的下层民众对富人阶层的一种厌恶、妒忌、抵触等对抗性的心理行为倾向和价值取向
邵远红	2010	财富抵触心理是在一定的历史阶段和特定的社会政治制度、经济体制下，由于各种原因而且主要是因为贫富差距不断拉大而在贫困阶层和普通民众中产生的针对富人阶层的一种抵触、厌恶、憎恨等非理性的对抗性情绪以及所表现出来的一种心理失衡状态
朱敏	2011	财富抵触心理是指由于各种原因导致的中低收入群体或弱势群体对富裕阶层的一种妒忌、不满、抵触等敌意情绪的心理倾向和价值取向
谢霄男	2012	财富抵触心理是指人们对富贵阶层，特别是一夜暴富者产生怀疑、迁怒、嫉妒、蔑视、不屑、愤懑、抵触等复杂的心理

资料来源：笔者根据相关资料整理。

　　根据对表 2.1 的总结，从财富抵触心理的对象来看，财富抵触心理可以是对财富的获取途径、拥有者以及支配方式等三个不同特征的抵触态度。

　　第一类财富抵触心理是人们对获得财富途径的抵触和敌对心理。改革开放政策催生了一大批先富的人，并形成了贫富差距。大部分先富起来的人是通过努力工作、合法劳动和高效经营获得利润和报酬，从而积累起财富。这部分成为富人的群体是通过自己的勤劳和智慧，走在社会的最前端，从而得到合理的报酬，他们的出现，有效地推动了中国经济的腾飞，也给其他人树立了很好的正面榜样，激励人们努力工作，积极向上。然而，并不是所有的富人都是靠自己的勤劳和智慧获得财富的，有少数富人利用了政策漏洞，投机取巧，在社会转型期依靠不正当手段发财致富，如通过投机倒把、官商勾结、营私舞弊、私吞国家财产、制假贩假、诈骗等非法手段获得财富，这种形式的资本原始积累引起了人们的极大反感和抵触。此外，近年来不断爆出的腐败现象，也极大地刺激了人们对富人的抵触，尤其是对那些凭借自己的身份优势、机会优势，采取贪污受贿、腐败、欺行霸市等手段谋取大量黑色收入的富人群体的抵触。虽然我国近年来的反腐力度不断加强，但在短期内，人们很容易将富人阶级与贪污腐败、官商勾结、偷税漏税等不良的现象联系在一起。因此，人们对财富的取得途径的抵触和敌对，具有很强的情景特征，是我国现阶段财富抵触心理激发的重要原因之一。

第二类财富抵触心理是人们对巨额财富拥有者的抵触和敌对心理。伴随着改革开放的"让一部分人先富起来，然后形成共同富裕"方针政策的影响，商品经济的浪潮冲击着人们的思想，发家致富的追求不断地侵蚀着人们的内心。改革开放政策无可厚非地起到了促进经济的作用，然而它也进一步加剧了我国贫富两极分化的现象。改革开放的三十多年里，我国取得了全球瞩目的经济成就，不仅解决了 13 亿人的温饱问题，并且一步步地将我国稳步带入小康社会。然而，随着改革开放后经济的发展，我国涌现出了一大批的富人和大企业，先富阶层慢慢地形成并发展壮大，贫富两极分化越趋严重。基尼系数①是衡量贫富差距的最直观有效的数据之一。它是用于衡量居民收入差距的常用指标，数值在 0 和 1 之间，基尼系数越大，说明居民收入差距越大。按照国际一般标准，0.4 以上的基尼系数表示收入差距较大，即 0.4 是国际公认警戒线。据中国经济网报道，西南财经大学中国家庭金融调查的报告显示，2010 年中国家庭的基尼系数为 0.61，大大高于 0.44 的全球平均水平②。此外，华中师范大学中国农村研究院发布的《中国农民经济状况报告》表明，2011 年我国前 20% 的高收入农户与后 20% 的低收入农户的收入差距有 10.19 倍，农村居民基尼系数在 2011 年已达到 0.3949，正在逼

---

① 基尼系数（Gini coefficient），或译坚尼系数，是 20 世纪初意大利经济学家基尼，根据劳伦茨曲线所定义的判断收入分配公平程度的指标，该比例数值在 0～1 之间，是国际上用来综合考察居民内部收入分配差异状况的一个重要分析指标。

② 中国经济网报道，http://www.ce.cn/macro/more/201212/10/t20121210_23922300.shtml.

近 0.4 的国际警戒线①。相比而言，国家统计局统计的基尼系数更具普遍意义，据国家统计局的官方数据，2003 年我国的基尼系数为 0.479，2006 年我国的基尼系数为 0.487，2008 年我国的基尼系数为 0.491，2009 年我国的基尼系数为 0.490，2012 年我国的基尼系数为 0.474②。虽然国家统计局统计的基尼系数比大多数社会机构的统计结果低，但也超过了国际公认的贫富差距警戒线，更是与基尼系数仅为 0.25 左右的丹麦、日本、挪威、德国等发达国家差距明显。可以看出，随着经济的高速增长，中国出现了严重的贫富差距问题，中国已经成为世界上贫富差距最大的国家之一。贫富两极差距的加剧，导致了穷人阶层与富人阶层的这一社会分层越加对立起来，而财富则是不同阶层的区分标准和对立的核心因素。因此，我国贫富差距两极化形成的阶层划分，导致了财富抵触心理的第二个类别，即对巨额财富拥有者的抵触和敌对心理，这种财富抵触心理是贫富悬殊的国家都具有的特征。

第三类财富抵触心理是人们对财富拥有者的支配方式的抵触和敌对心理。自古以来，我国便对富人阶级有"为富不仁也，为仁不富也"的说法。出于激烈的市场竞争，"血汗工厂"等事件屡见不鲜，引起了社会各界乃至全球的关注。为富不仁的形象，主要来自两方面，富人追求自己的奢侈享受，以及对回馈社会漠不关心。在 2012 年 12 月 4 日，习近平总书记在中共中央政治局会议上提出了八项规定，其中，"轻车简从""不安排群众迎送""不铺设迎宾地毯""不出席各类剪彩、奠基活动""严格控制出访随行人员"等廉洁行为③，都对厉行俭约作风起到了表率作用。随着八项规定的出台，铺张浪费的现象得到遏制，部分富人奢侈享受行为也逐渐减少。与为了满足个人的欲望而进行的奢侈消费相比，将自己的财富回馈社会，积极参加到慈善事业中，能够有效地调节和平衡收入的不均，从而降低人们对富人的抵触和敌对心理。在汶川地震中，由于在慈善捐助方面截然不同的表现，那些慷慨解囊的企业和个人获得了"民族英雄""良心企业"的称号，而那些

---

① 网易财经报道，http：//money. 163. com/12/0822/02/89FQU3G600253B0H. html.
② 凤凰网报道，http：//finance. ifeng. com/news/macro/20130119/7578702. shtml.
③ 中国日报网报道，http：//www. chinadaily. com. cn/hqcj/fxpl/2012 - 12 - 05/content_7679748. html.

消极应对的企业和个人却成为众矢之的慈善"铁公鸡",进一步增强了人们对他们的财富抵触心理。因此,财富抵触心理的第三类是人们对财富支配方式的敌对或认同,对于那些沉迷于满足自我膨胀欲望的奢侈享乐行为的富人和企业,人们的财富抵触心理更强;反之,那些热衷于慈善事业,积极履行社会责任、回馈社会的富人和企业,人们对他们的认同感更强,财富抵触心理更弱。在集体主义取向的东方文化里,集体利益是高于个人利益的,个人利益应服从集体利益。因此,东方文化更容易对用于满足自身欲望需求的财富支配方式产生抵触、敌对情绪。

此外,从财富抵触对象的客体看,由于财富的拥有者既可以是个人,也可以是组织,因此可以将财富抵触心理细分为对个人和对组织的抵触或敌对。在个人层面,财富拥有者是指那些掌握着大量财富的个人,也就是所谓的富人、富豪、有钱人。在企业层面,财富拥有者则是指那些掌握着大量社会资源、社会财富的大型企业,如具有垄断性质的能源类公司、大型的跨国公司。

本书立足于财富抵触心理本身,将财富抵触心理界定为社会大众,尤其是弱势群体对富裕阶层的一种妒忌、不满、抵触等敌意情绪的心理倾向和价值取向。从以上定义可以看出来,本书是从社会群体对立的角度去定义财富抵触心理的,财富获取途径的合法性不在本书的研究范围之内,本书所提到的财富被默认为是通过合法途径获取的财富。简而言之,本书论述的财富抵触心理,是社会大众对财富本身及财富支配方式的抵触和敌对心理,而不包括对财富的获取途径的抵触心理。进一步,在本书中,研究的财富抵触心理对象是企业层面,是社会大众对拥有大量财富的企业的抵触和敌对心理,具体的研究对象是对高星级酒店的财富抵触心理。

2.1.2　财富抵触心理的根源

在我国,财富抵触心理的形成,有着错综复杂的原因,本书将从历史文化、社会经济、社会结构、社会调节机制等几个方面进行论述。

从历史文化的角度看,现代中国财富抵触心态的产生与现实社会背景有着紧密的关联。这种财富抵触心态在我国的存在由来已久，甚至从未间断，现代的财富抵触心理只不过是对早期财富抵触观念的一种复活（马晨清，2004）。在长达两千多年的封建社会中，封建统治者大多是垄断全国财富，纵情挥霍。而在社会的底层，贫苦老百姓却过着饥寒交迫、风餐露宿的贫困生活。"朱门酒肉臭，路有冻死骨"便是我国封建社会的真实写照。两者之间的鲜明对比形成了极大反差，老百姓在内心深处积聚了对权贵们的愤恨，财富抵触情结是底层贫苦民众对封建统治者厌恶和仇恨的自然回应。此外，在我国传统文化中，也有财富抵触情节的存在。一方面，我国传统文化鄙夷拜金主义，从古代的"视钱财如粪土""钱财乃身外物""千金散尽还复来"等豪侠之情，到朱自清的"不为半斗米折腰"的文人气节，无不被认为是高风亮节的表现，并且影响着一代又一代人的价值观。另一方面，传统文化将财富认为是罪恶的源泉，教育体制也往往将金钱与负面形象联系在一起，如"金钱是万恶之源""为富不仁""无商不奸""均贫富"等，都是将财富置于正义的对立面。财富抵触文化在我国已经形成了一种社会氛围，并作为固定的传统给予财富抵触心理以道德的支撑，这就是传统文化与现代财富抵触心理的关系。因此，我们可以将传统文化中对平均主义的强调和对富者的责难视为当今财富抵触心理出现的文化根源。

历史文化的财富抵触情节给人们的财富抵触心理提供了历史根源，当今社会经济方面的因素成为财富抵触心理的最大催化剂和激发剂。当前，我国社会财富的分配制度不尽合理，使得收入差距不断拉大，贫富两极分化严重（郝亚明和朱荟，2007）。我国目前的分配制度具有时代的特殊性，是制度滞后性的表现，也是经济高速发展带来的副作用。改革开放时代，在"让一部分人先富起来，然后实现共同富裕"的伟大口号下，我国经济的确取得了很大进步，使很大一部分能够抓住机遇的人先富裕起来了。然而，先富裕起来的那部分人，并没有能带动更多的人富裕，反而造成了贫富差距越拉越大，富裕的更富裕，贫穷的更贫穷。根据相关资料显示，我国城镇家庭中，收入最高的 20% 家庭与收入最低的 20% 家庭的收入差距在 1990 年为 4.2 倍，1993 年则为 6.9 倍，1999 年已经达到了 9.6 倍，甚至有学者认为 1997 年已经为 17.5 倍（郝亚明和朱荟，2007）。此外，美国波士顿咨询公司在其发布的全球财富报告中指出，在 2001 年，中国内地拥有百万美元资产的家庭数量为 12.4 万户，但到了 2006 年，已经上升到 31 万户，位列全球第五，仅次于美国、日本、英国和德国。这些富豪家庭仅占中国家庭总量的 0.1%，却掌握着全国超过 41% 的财富①。2009 年，政协蔡继明委员在十一届常委会会议上指出，世界银行公布的关于财富集中度的调查报告显示，在 2010 年，美国 60% 的财富掌握在 5% 富人手中②，而我国 0.4% 的富人掌握了全国 70% 的财富，我国的财富集中度远远高于美国③，成为全球两极分化最严重的国家之一。无论以上数据的来源如何，都表明了一个问题，中国目前的收入差距不断拉大，贫富两极分化严重，基尼系数已经超过了国际通用的安全警戒线。贫富差距过大造成了穷人与富人之间不可避免的社会冲突，而穷人阶级的财富抵触心理便是这种冲突的一种激烈反映。当贫富差距进一步拉大时，低收入等弱势人群在社会生活中以富裕者为自己的参照群体，在越来越大的差距面前，相对剥夺感越来越强，于是财富抵触心理就自然产生了。因此，从社会经济角度来看，由于分配制度不合理等原因带来的贫富两极分化加剧问题是激发我国目前财富抵触现象泛化的一个重要影响因素。

在健康合理的社会阶层结构中，中间阶层都应该是整个社会的中坚力量。从全球视域来看，世界上多数的发达国家都是采用橄榄形的社会结构，这种橄榄形的社会结构对国家经济增长和社会稳定起到了重要的作用。庞大的中产阶级不仅为社会经济提供了强大的推定力量，还具有对社会贫富分化较强的调节功能和对社会利益冲突较强的缓冲功能。然而，现阶段的中国社会结构是一种金字塔式结构。杨继绳（2011）指出，中国当前的金字塔社会结构中，超过 80% 的社会大众处于金字塔的中下层，中间阶层比重过小，上等阶层不少人的财富获得途径不透明，阶层间在财富、权力和声望方面错位严重。此外，也有学者认为，当代中国社会结构总体呈倒"丁"字型结构，倒"丁"的一横，代表的是以农民（工）为主体的社会底层民众，而

---

① 新华网报道，http://news.xinhuanet.com/newscenter/2007 - 10/30/content_6975867.htm.
② 新浪财经纵横，http://finance.sina.com.cn/blank/pfcj.shtml.
③ 人民政协报道，http://www.sociologyol.org/shehuibankuai/shehuipinglunliebiao/2009 - 07 - 05/8317.html.

其他一系列阶层则构成一个很长的直柱形群体，这种城乡分野造成社会上下阶层比重失衡，并且阶层之间贫富失衡（李强，2006）。我们可以从社会阶层结构的三个层面——政治层面、思想层面以及经济层面，去解释橄榄形社会结构对财富抵触现象的作用。在政治层面，正如前面提到的，中间阶层能够很好地作为上层和下层之间矛盾的缓冲层，对社会矛盾起到有效的缓和作用。中国社会财富抵触现象激发的一个重要原因是，社会上层和底层直接接触，使得贫富矛盾激化，缺乏中间阶层这样一个缓冲带，造成了富人阶层和穷人阶层之间的直接冲突和对立，穷人阶层对富人阶层的财富抵触心理应运而生。在思想层面，中间阶层一方面继承着上层阶级的思想和生活作风，并且将这种思想和生活作风以更温和、保守的形式展示在下层阶级面前，缓和了穷人对富人的抵触；另一方面，他们又更接近下层阶级，能够更好地理解下层阶级的思想，给予他们更多的同情和帮助，能够获得下层人群的认同感和归属感，进一步弱化了阶级之间的矛盾。在经济层面，不同阶层间的生活方式是阶级矛盾最赤裸裸的体现。中间阶层的缺失，进一步加剧了社会经济上的两极分化，使得"金字塔"下部越来越庞大，财富抵触者也相应地拥有了更广泛的群众基础。因此，当前中国社会的金字塔结构，中间阶层的缺失，是中国财富抵触心理泛化现象的社会结构根源。

另外，社会调节机制的失灵是财富抵触现象的制度性根源。任何一个健全的社会体系都需要有一系列的调节机制来充当社会的安全阀门。调节机制的合理运用，能够有效地消除社会冲突和社会对立，缓解社会大众的不满情绪，保障社会相对公平，从而使社会重新走上协调发展的道路。能对财富抵触现象有缓和作用的社会调节机制包括社会财富再分配机制、社会保障体系以及社会疏导机制。首先，社会财富再分配机制通过税收、慈善事业等对财富进行再分配，将部分控制在富人手中的财富转移到贫困人群手中，能够有效缩小贫富差距加剧的问题，可以从根源上减轻底层阶层的财富抵触心理。其次，成功的社会保障体系能够有效地提高底层阶层的生活水平，为全体社会成员，特别是对生活有特殊困难的人们的基本生活权利给予保障的社会安全制度。最后，社会疏导机制解决了底层大众话语权的问题，通过完善社会疏导机制，底层阶级能够更多地表达自己的观点和意愿，起到了一定的对财富抵触心理的缓和作用。但目前，由于我国的再分配机制存在制度上的漏洞，社会保障体系和社会疏导机制也尚有不够完善的地方，使得财富抵触心理在我国有了较强的制度性来源。

从以上分析可以看出来，财富抵触心理在当前中国的激化和泛化有着历史文化、社会经济、社会结构、社会调节机制等方面的根源。财富抵触心理值得学者们以及实践者给予极大关注。

2.1.3　财富抵触心理的表现形式

财富抵触心理作为一种社会心理现象，是人们内心世界的情感反映，它根植于人的内心深处，具有潜藏性和隐秘性，是不可被直接感知的。然而，财富抵触心理一旦被激发，可以通过一定的方式表现在外。仇富心理可以通过情感态度、思维方式、行为模式、价值取向等一系列行为及倾向表现出来（李素芳，2005）。根据朱敏（2012）的研究成果，笔者进一步将财富抵触心理的表现形式总结为三种：酸葡萄心理、不合作行为以及攻击。

酸葡萄心理，是指个体自身的需求无法像他人一样得到满足而产生的挫折感时，为了解除这种内心不安，编造一些"理由"进行合理化的自我安慰，以消除紧张，减轻压力，使自己从不满、不安等消极心理状态中解脱出来，保护自己免受心理挫败的影响。财富抵触心理在某种程度上其实是酸葡萄心理。在某种意义上，社会底层群体的财富抵触其实是仇穷。他们在心理上希望获得财富，但实际上却只能过着贫困潦倒的生活，不能拥有财富，在内心深处，他们在埋怨自己的贫困。但是，为了消除内心紧张不安的情绪，他们只能通过对自己的贫穷进行合理化解释，将自己从不安的情绪中解脱出来。对自己贫穷的最合理化解释，便是认为上层阶级的财富是通过非法手段获得的，财富是肮脏的，而不是能力带来的体现。在这种心理下，"为富不仁"的认知便很好地满足了低层阶级的酸葡萄心理。因此，酸葡萄心理是财富抵触心理的表现形式之一。正如社会冲突论强调的，"阿 Q 精神"式的酸葡萄心理虽然有歪曲事实的成分，但是其在避免心理走向极端、达到心理平衡，以及在缓和社会矛盾上是有积极意义的。

不合作行为是指在财富抵触心理驱动下，社会大众对中上层阶级采取不合作的行为，希望能延缓或者阻止他们致富的行为。"锄强扶弱"在某种程度上体现的就是这种不合作行为。在商业社会中，财富抵触心理带来的不合作行为，主要表现为与高利润企业刻意保持疏远的关系，不购买大企业的产品或服务。那些高利润行业，往往是通过先进的技术或管理创新，获取了额外利润。这种额外利润既促进和推动了行业中其他企业的发展，还吸引了其他行业的竞争者进入该行业，加剧了市场竞争，实现了对企业的优胜劣汰，促进了整个行业甚至是整个社会的经济发展。然而，财富抵触心理下的这种不合作行为，使得社会大众做出的购买决策是基于个人情感而非理性决策，保护了低效率企业的同时，打压了高效率的企业，最终阻碍了行业的整体发展。

攻击行为是财富抵触心理中后果最恶劣的表现形式。攻击行为包括了口头言语攻击、网络攻击以及犯罪行为。在互联网如此发达的 21 世纪，这种财富抵触心理驱动的攻击行为，尤其是网络攻击，无论是对于上层阶级个人，还是对于企业，甚至是政府，所造成的影响都是巨大的。由于网络的实时性和连通性，网络攻击可以十分迅速地传播到社会大众中，加之财富抵触心理在我国有着较为强大的群众载体，当财富抵触心理驱动的网络攻击行为一旦展开，便会一发不可收拾，产生巨大的影响。如郭美美微博炫富事件给她本人和红十字会都带来了严重的负面影响。又如中石化大楼的千万天价吊灯事件、中国平安保险公司的千万年薪事件，将中石化和中国平安置于风口浪尖，受到了全国大多媒体和社会公众的批评和谴责。

总的说来，财富抵触心理的酸葡萄心理、不合作行为以及攻击行为，对企业的形象有着巨大的影响。这些财富抵触心理的不同表现形式，不仅仅影响了社会公众自身的购买行为，还会通过口碑传播、群体压力、舆论压力等方式，影响其他消费者的购买行为，对企业的经营造成极大的负面影响。因此，对于那些决定使用炫耀性营销策略的企业来说，如何避免激化消费大众的财富抵触心理，是一个需要重点考虑的问题。

2.2　炫耀性营销

在 1899 年出版的《有闲阶级论》中，制度经济学的创始人之一凡勃伦首次把"炫耀性消费"（conspicuous consumption）的概念引入了经济学。凡勃伦指出，个体要获得并保持他人对自己的尊重，仅仅拥有财富或权力是远远不够的，别人的尊重不是通过拥有财富或权力获得的，而是通过证明自己对财富或权力的拥有权而获得的。在消费领域，炫耀性消费便是证明个体对财富和权力的拥有权从而获得他人尊重的消费活动。根据凡勃伦的论述，可以将炫耀性消费定义为：富裕的上层阶级通过对物品的超出实用和生存所必需的浪费性、奢侈性和铺张浪费，向他人炫耀和展示自己的财富和社会地位，以及这种地位所带来的荣耀、声望和名誉。

在凡勃伦的著作中，他认为个体的炫耀性消费主要有两种动机：歧视性对比动机和金钱竞赛动机。歧视性对比动机是指财富或权力的拥有者通过自己的炫耀性消费，把自己从财富水平较低的阶层中区分开来，从而获得尊重的地位；金钱竞赛动机指对于那些财富水平较低的阶层，他们力图通过炫耀性消费来效仿财富拥有者的行为特征，期望被认为是财富拥有者的一员，进而获得尊重的地位。由此可见，炫耀性消费行为的真实目的在于将消费者自身的身份和地位向外界给予充分的展示，以期博得周围人对自己的好感和尊重。从这个意义上说，炫耀性消费行为不一定要超出本人的财力状况，也不是"有闲阶级"的专属消费行为，相对于个人所处的地位，每个人都可以有自己的炫耀性消费，如追求和模仿更高层人们的消费方式，便是一种炫耀性消费（郑玉香等，2008）。

随着我国经济的快速发展和人民生活水平的日益提高，炫耀性消费行为也成为我国消费者的一种重要消费行为，国内关于炫耀性消费行为的研究也日渐丰富，诸多学者从不同学科理论出发，采用多种方法对我国消费者的炫耀性消费行为进行了深入研究和探讨。刘飞（2005）结合炫耀性消费提出的时代背景，从炫耀性消费行为的目的、表现形式、传播途径以及炫耀性消费行为与阶级的关系这四方面对凡勃伦和布迪厄的炫耀性消费思想进行了对比。邓晓辉和戴俐秋（2005）对炫耀性消费理论的来源、发展与研究现状进行了文献述评，并从博弈论和信息经济学角度对炫耀性消费进行了深入的阐释，提倡我国学者应该借鉴西方的炫耀性消费理论进行中国情境下的炫耀性消费行为研究。卢丽等（2006）从营销学的角度对炫耀性消费理论进行了详细的梳理和评述，他们认为炫耀性消费行为实际上体现了消费者提升自己社会地位和获得认同的愿望，也是人们内在需求的外在表现，因此对于我国的炫耀性消费行为研究应以中国的具体因素和特点为前提，而不应该简单地将炫耀性消费与"奢侈品消费"和"过度消费"完全等同。孙春晨（2008）的研究结果表明，目前的消费社会正在从"物的消费"阶段向"符号消费"阶段过渡。他认为现在的消费已经不仅局限于物的占有，而已经达到了符号的系统化操控活动。王宁（2011）根据凡勃伦和布迪厄对炫耀性消费的阐述，认为炫耀性消费行为可以分为两种范式：竞争主义范式和制度主义范式。其中竞争主义范式的炫耀性消费行为对应于炫耀性消费的金钱竞赛动机，是通过消费行为的竞争使个体获得对声望的垄断；而制度主义范式的炫耀性消费行为对应于炫耀性消费的歧视性动机，是按照某个可以达到炫耀性目的的既定消费标准进行消费。周宪（2004）从视觉文化的角度对炫耀性消费行为进行了分析，他认为炫耀性消费行为的核心不在于消费行为，而在于炫耀行为，只有被其他参照群体见证的消费行为才具"炫耀"的价值。姚建平（2005）则从社会心理学的视角对炫耀性消费行为进行了分析，认为起初炫耀性消费行为是作为一种制度，即构建阶级身份的手段而出现的，他认为"广大群众要推断一个人的声望和地位，除了直接观察其所能夸示的财物为依据，已别无他法"。李时华和龚志民（2005）从可持续发展的角度探讨了我国炫耀性消费行为面临的一些问题，他们强调了炫耀性消费行为不仅会导致资源的极大浪费，还会败坏社会大众的消费习惯，最终导致腐化堕落的拜金消费行为。戚译和李文娟（2009）通过实证研究发现炫耀性消费行为的目的主要有两种，分别为体现自我身份和满足个人享乐。姜岩（2010）对青少年炫耀性消费行为进行了实证分析，发现青少年的炫耀性消费行为动机主要有拥有面子、自我享乐和追求独特三个维度，并且认为追求面子是中国消费者普遍具有的消费心理，为了迎合消费者的这种心理，厂商可以进行针对性的产品开发和广告宣传，以满足顾客对于面子消费的需求。卢帆（2008）研究了闽浙侨乡的炫耀性消费行为，发现在侨乡人们的社会地位与消费行为息息相关，主要消费表现在大修坟墓、办豪华葬礼和修建高级洋房等，以此来展示自身的经济实力，彰显"面子"，实现光耀门楣的目的。梁桂玲和刘金星（2007）对我国农村的炫耀性消费行为动机和方式进行了剖析，发现农村居民的炫耀性消费行为表现在礼金消费、婚丧嫁娶等方面的可见性消费，注重面子是农村居民炫耀性消费行为的重要原因。王磊和莫逸红（2010）进一步对我国农村的炫耀性消费行为进行了深入研究，他们发现我国农村普遍存在着很强的炫耀性消费氛围。农村居民的基本需求已经被满足，他们开始注重通过炫耀性消费行为获得他人的尊重，炫耀性消费行为并非有闲阶级、上层社会的专利，而是一种客观存在的普遍现象。

由于国家整体经济的快速增长以及个人消费习惯倾向，中国被认为是最具潜力的奢侈品消费大国，炫耀也已经成为许多国人消费行为的重要动机[①]（卢丽等，2006）。除了经济腾飞之外，还有两个重要原因影响着消费者的炫耀性消费行为：其一，大众媒介对炫耀性消费的传播作用。在消费社会中，大众媒介，尤其是网络媒体，使得消费文化成为一种全球性的现象。经济、科技较为发达的国家可能借助于大众媒介或网络媒体的作用将其消费主义的理念推广到全世界，从而形成一种全球消费者文化，进而使得某些商品具有了炫耀性的符号价值；其二，我国传统文化加速了炫耀性消费行为。在我国传统儒家文化的影响下，我国消费者具有较强的集体主义文化和较高的权力距离，表现为个人服从群体和社会、等级制度合法存在、通过群体判定个人等消费观念，文化的差异造就了东亚社会特有的奢侈性消费风尚（Wong & Ahuvia，1998），使得东方社会的炫耀性消费行为更甚于西方社会。

由于炫耀性消费是权贵阶层证明其拥有财富或权力的必要途径之一，商业社会在对奢侈品营销的过程中，为了给予社会公众被他人尊重的需要，厂

[①] "Conspicuous Consumption in China：Luxury's New Empire"，Economist，6/19/2004，Vol. 371，Issue 8380.

商往往会利用目标顾客的炫耀性心态进行营销。现今的营销实践充满了炫耀性消费的元素。这种炫耀性的元素，在奢侈品中尤为明显。由于奢侈品是具有高需求收入弹性的产品或服务，是昂贵和稀有的、品质精美的、具有享乐体验的（Lancaster，1971；厉以宁，1995）。奢侈品往往让人联想到具有高品质、尊贵地位、高档、享乐主义等特征（Bagwell & Bernheim，1996）。社会公众能够通过对奢侈品的消费，彰显自己尊贵的身份、地位，并期望通过奢侈品的消费博得周围人对自己的好感和尊重。在本研究中，炫耀性营销是企业带有炫耀性质的营销方式。炫耀性营销通过强调拥有该产品或服务的地位符号和身份符号，满足消费者的歧视性对比动机和金钱竞赛动机需求，增强社会公众对该产品或服务的态度评价和购买欲望。

在奢侈品的营销过程中，采用炫耀性营销能够更好地彰显奢侈品代表的地位和形象信号，使消费者将拥有该奢侈品作为获得和保持该尊贵社会地位身份的信号（O'Cass & McEwen，2004；郑玉香和沈洁，2011）。由于炫耀性消费成为消费者获得和保持某个良好社会身份的方式（郑玉香和沈洁，2011），炫耀性商品的象征意义代表着"形象"和"地位"等非功能性因素，已经成为许多中国人消费行为的重要动机和表现形式（姜岩，2009）。此外，具有物质享乐主义、群体归属交流、地位展示和人际关系调节四大功能的炫耀性消费行为与面子意识、地位消费倾向之间的因果关系（袁少锋等，2009），促使我国商业社会中企业的炫耀性营销方式。目前，在房地产广告营销中，炫耀性营销应用最为广泛。例如，广告用语：远离闹市喧嚣、尽享静谧人生、绝版水岸名邸、东方威尼斯、演绎浪漫风情、亲水豪宅、视野开阔、俯瞰全城、私属领地、巴洛克风格建筑、哥特式风格户型、无敌海景、欧陆风情、管家式服务、私属领地、坐拥升值空间、凌驾尊贵、俯瞰繁华等。具体的房地产楼盘实际的炫耀性营销例子有：厦门钟宅湾——"海峡西岸生态人居，休闲商务区；汇聚国际财富与人居梦想的绝版宝地，二十一世纪是城市的世纪，二十一世纪也是海洋的世纪；谁控制了海洋，谁就控制了一切；站在蓝色海岸的前沿，开启一个新的地产时代；东南门户，海湾之心；海峡西岸生态人居，休闲商务区；让所有财富的目光聚集钟宅湾，这里每一天都在创造历史"；常青花园——"新康苑，生活感受凌驾常规，大非凡生活领域，成功人士的生活礼遇，拥有与自己身份地位相等的花园社区，在属于自己的宴会餐厅里会宾邀朋，只与自己品位爱好相同的成功人士为邻，孩子的起步就与优越同步，酒店式物管礼遇"。在旅游业，带有炫耀性质的营销实践也屡有发生，如江苏省华西村耗资 30 多亿元建成了奢华的黄金酒店，尤其是立于其中的价值 3 亿元的大金牛，被广大媒体大肆渲染，作为间接的炫耀性营销方式为人们所热议。

无论是房地产企业直接的炫耀性广告营销，还是黄金大酒店间接的炫耀性新闻报道，其目的和副作用都是大同小异的，都是通过带有炫耀性质的营销推广，为目标市场的消费者营造一种凌驾于普通民众之上的经济、地位、身份符号，满足他们的歧视性对比动机和金钱竞赛动机需求。但是，王宁（2011）从制度主义范式的角度认为，无论是个人还是企业的炫耀性消费行为，当其超过某个层面的消费标准时，都会面临损害炫耀消费者自身所看重的形象的风险，并因而反过来损害自己的社会地位。对于目前的奢侈品的一些炫耀性营销行为，由于我国具有滋生财富抵触心理的历史情节和社会经济结构，财富抵触心理是炫耀性营销所带来的最重要的负面影响之一。使用炫耀性营销的产品，会冒着被社会大众谴责的风险，可能被贴上"为富不仁""奸商""挥霍无度"等负面标签。然而，在我国的现有学术研究中，对炫耀性营销带来的负面形象问题的探讨十分有限。为了使营销管理者及实践者能够更好地认识炫耀性营销与财富抵触心理、社会公众负面评价的关系问题，本书将通过一系列的实证研究对该问题进行较为详尽的分析。

2.3　酒 店 社 会 责 任

2.3.1　现代的企业社会责任概念的界定

企业社会责任（CSR）是一个古老的概念，它有着悠久的历史。国外企业社会责任的思想可追溯到古希腊时代。在社会舆论和社会规范下，古希腊时期的商人在经营获利的同时，也寻求社会利益的发展。而在中世纪的西欧，商人必须绝对诚实，遵守商业伦理，关心社区福利。在西方封建社会开始解体及资本主义形成时，重商主义的倡导使得商人的社会地位得到了很大的提升，也强化了商人的社会责任。相比而言，在古代，我国就有"君子爱财，取之有道""君子喻于义，小人喻于利"等教导。其中，最为出名的是在春秋战国时期，被称为"商圣"的范蠡（也称为陶朱公）提出的著名《陶朱公经商十八则》经商之道。范蠡是一位富有经济头脑的杰出人物，他知人善用、经商有道，凡是他所在之处，都能运筹帷幄，抓住商业贸易的经营先机，富国富民。司马迁曾称赞他："能择人而任时。"说明他善于重用人才，让有本事的人进行管理。最为可贵的是，他在通过自己的才智使财产与日俱增的同时，不忘回馈社会，将提高社会的整体福利作为己任，致力于资助有需要的人，他是中国有记载的最早的慈善家①。"十九年之中三致千金，再分散与贫交疏昆弟。此所谓富好行其善德也"。在《陶朱公经商十八则》中，经商成功的原则有：

> 生意要勤快，勿懒惰，懒惰则百事废。
>
> 接纳要谦和，勿暴躁，暴躁则交易少。
>
> 价格要订明，勿含糊，含糊则争执多。
>
> 账目要稽查，勿懈怠，懈怠则资本滞。
>
> 货物要整理，勿散漫，散漫则查点难。
>
> 出纳要谨慎，勿大意，大意则错漏多。
>
> 期限要约定，勿延迟，延迟则信用失。
>
> 临事要尽责，勿放任，放任则受害大。
>
> 用度要节俭，勿奢侈，奢侈则钱财竭。
>
> 买卖要随时，勿拖延，拖延则机会失。
>
> 赊欠要识人，勿滥出，滥出则血本亏。
>
> 优劣要分清，勿混淆，混淆则耗用大。
>
> 用人要方正，勿歪斜，歪斜则托付难。

---

① http：//www.cemnn.com/html/201004 - 3/20100403173044.htm.

货物要面验，勿滥入，滥入则质价低。

钱账要清楚，勿糊涂，糊涂则弊窦生。

主心要镇定，勿妄作，妄作则误事多。

工作要细心，勿粗糙，粗糙则出劣品。

说话要规矩，勿浮躁，浮躁则失事多。

陶朱公的十八则，对组织管理者及学者关于企业社会责任的实践和认知都有很大的指导作用。如"价格要订明"是指将商品的定价明确告知消费者，避免无畏的争端，这便是履行了企业道德层面的责任，营造公平公正的交易环境。"用度要节俭"是告诫商家要节俭各种资源，降低资源损耗，不铺张浪费，既降低了经营成本，也起到了保护资源的作用，这是履行了经济责任和环境保护责任。"用人要方正"指的是在对待员工的时候，要一视同仁，不能有偏颇，尽量做到公平公正地对待员工，履行了对员工的责任。"工作要细心"，指的是员工在工作的时候，要认真对待，降低低劣产品的出现概率，为消费者提供符合质量要求的产品，履行了对消费者的责任。

社会责任是一个历久常新的概念，随着时代的发展，社会不断地给社会责任赋予新的意义。在古代，社会责任强调得更多的是公平交易、返利于民等责任，在当代，社会责任越来越向社区支持、环境保护、慈善捐助等责任转移。现代的企业社会责任的概念，最早由谢尔顿（Sheldon）在其著作《管理的哲学》中被提出。谢尔顿提倡应该把企业社会责任以及公司经营者满足各类相关群体的责任联系起来。他认为企业的责任不仅包括经济责任，还应该包含道德义务，并主张企业在经营管理的过程中，提供一些有利于增进社区利益的行为。在他的思想里，已经孕育了企业社会责任的核心思想，并体现了利益相关者理论的一些基础，这种崭新的经营哲学，将企业对社会的责任提升到了另外一个高度。1953年，鲍文（Bowen）在其出版的《企业家的社会责任》一书中提出了"现代企业社会责任"概念，他强调企业家追求经营获利的同时必须对社会尽一定的责任和义务。在他的定义中，企业社会责任是指企业家根据社会价值观和目标的要求来制定经营战略、实施企业的经营管理方针的责任，即企业在做出经营决策时，需要按照社会的目标和价值进行相应决策，采取具体行动履行义务。鲍文的著作大大地推动了企业社会责任相关的研究，标志着现代企业社会责任概念构建的开始。随着利益相关者理论的提出，企业社会责任研究有了自身的理论基础。1963 年，美国斯坦福研究所首次提出了"利益相关者"（Stakeholders）的概念，并明确指出"企业对界定清晰的利益相关者负有社会责任"。利益相关者理论认为，利益相关者是任何影响企业目标实现或者被实现企业目标所影响的集团或个人。因为企业的利益相关者与企业的生存发展息息相关，他们受到企业经营活动直接或间接的影响，企业需要对所有利益相关者负责任（Freeman，1984）。从利益相关者的角度出发，企业的持续经营发展，不能以获取利润为唯一目标，还需要积极参与到推动社会整体发展、承担对利益相关者应承担的责任中。弗雷德里克（Frederick）在 1960 年也指出，社会责任意味着企业家在经营管理决策中，需要考虑公众对企业的要求，满足他们的合理期望。致力于采用一种能够提高整个社会经济福利的生产方式，企业家应该将自己所掌握的资源，应用于广泛的社会目的中，例如提高员工专业技能、提高产品对消费者的效用、推动社区发展等，而不是简单地追求利益。戴维斯（Davis，1966）在其著作《企业和它的环境》中指出，企业社会责任是指企业家关注他的决策和行为对整个社会系统造成的影响的责任。由于企业并不是孤立存在的，而是与经营环境息息相关的，当企业行为会对他者的利益和需要造成影响时，企业应该承当相应的社会责任。戴维斯的定义超越了传统企业的单纯追求经济利益的观点，已经确切地指出了企业家对利益相关者需要承担的责任。

从企业社会责任的发展来看，20 世纪 70 年代之前的企业社会责任相关定义，大多都是从企业家的角度去定义的，如谢尔顿的《管理的哲学》、鲍文的《企业家的社会责任》以及戴维斯的《企业和它的环境》，都是基于企业家的角度去阐述社会责任的。随着越来越多的跨国公司及大集团的企业社会责任实践，在 70 年代后，学术界慢慢将企业社会责任关注的视野从企业家转移到企业上，如伊尔斯和沃尔顿（Eells & Walton，1974）强调企业要考虑其在支持和改善社会福利方面的作用，贝克曼（Backman，1975）认为企业应该关注关于社会发展和社会福利方面的目标或动机。在 70 年代之后，最具有影响的关于企业社会责任的定义主要有三个：第一个是美国经济发展委员会 1971 年提出的"三个中心圈"概念。在三个中心圈中，内圈代表企业的基本责任，即为消费者提供高质量的产品或服务、为社会提供大量的工作机会、促进社会经济的发展；中圈是指企业在实施经济职能时，对其行为可能影响的社会和环境变化要承担责任；外圈要求企业主动通过救济灾民、消除贫困、防止城市衰败等为社会的进步做出贡献。在三个中心圈中，内圈是企业必须承担的社会责任，也是企业生存的前提条件，若企业不能为社会提供满足消费者的产品、不能提供就业机会，则必然面临倒闭的危险。中圈代表企业因其业务活动可能对外界产生的影响所承担的社会责任，虽然它们不是企业必尽的责任，但却是企业应尽的责任。外圈包含企业在经营管理之外需要额外承担的责任，如慈善捐赠、保护环境、促进社区发展等。第二个是卡罗尔（Carroll，1979，1999）提出的"金字塔"概念，他认为，企业社会责任意指某一特定时期社会对组织所寄托的经济、法律、伦理和自由决定（后改为慈善）的期望。企业社会责任包括经济责任、法律责任、伦理责任和慈善责任。经济责任是关于企业对股东的经济上的责任，如企业利润、企业竞争力和企业效率等；法律责任要求企业在相关法律法规的约束下合法经营的责任；伦理责任要求企业在经营管理的过程中，实现社会公平和正义；慈善责任要求企业积极参与到向社会表达善意，能够致力于提高人类福祉的实践中。卡罗尔认为，企业的四类责任是有层次关系的，位于金字塔最底端的是企业的经济责任，然后是法律责任和伦理责任，慈善责任位于金字塔的最顶层，只有这四种责任都得到很好履行，金字塔才是完整的。第三个是埃尔金顿（Elkington，1997）提出的"三重底线"概念。他认为，企业的经营管理应该包含三个底线，分别是经济底线、社会底线以及环境底线，企业在承担基本经济责任的同时，也需要承担相应的社会责任和保护环境责任。经济责任是企业持续经营的必要条件，该责任要求企业通过高效率经营获取利润；环境责任就是保护环境、促进人与自然和谐发展的责任；社会责任是指对整个社会负责任，尤其是对企业的外部利益相关者负责任。与"三个中心圈"和"金字塔"概念不同，三重底线不是一个具有明显层次的概念，而是强调企业需要平衡三方面的责任，即企业在经营管理过程中，应当同时履行上述三个领域的责任。

　　我国学者也对企业社会责任的内涵进行了有意义的探讨。其中，刘俊海（1999）认为企业社会责任是指公司不能以最大限度地获取利润作为自己的唯一存在目的，而应当以最大限度地提高所有利益相关者的利益为终极目标。他强调了企业社会责任是对企业唯利是图的一种修正，要求企业不仅为股东盈利，还要为社会谋福利。卢代富（2004）针对传统的企业理论，认为企业社会责任是企业在谋求股东利润最大化之外所负有的维护和增进社会利益的义务。台湾学者刘连煜（2001）认为企业社会责任是指企业在经营决策过程中，以满足多数人对该公司寄予的期望为首要条件的责任。李淑英（2007）从社会契约的视角解读了企业社会责任，她指出，在社会契约框架下，企业社会责任不是一成不变的道德约束，而是需要根据企业社会环境变化而改变，以适应和满足社会对企业的期望和要求。例如，在生产效率较为低下的半个世纪之前，企业的责任主要是以合理的价格为消费者提供合格的产品和服务，而现在，人们已经普遍认为企业需要对环境问题、社会公平等问题负责，伦理责任和慈善责任成为消费者关注的中心。

　　在众多的定义中，综合简洁性、操作性与通用性三个核心因素，本书更认同卡罗尔的金字塔和利益相关者的观点，认为企业社会责任是指：在某一特定时期内，企业的利益相关者对组织所寄托的经济、法律、伦理和慈善的期望，包括经济责任、法律责任、伦理责任和慈善责任。本书根据文献梳理出不同学者和机构对企业社会责任的观点，如表 2.2 所示。

表 2.2　　　　　　　　　　企业社会责任的代表性观点

学者或机构	年份	社会责任的定义
谢尔顿（Sheldon）	1924	最早提出企业社会责任的概念，把企业社会责任与公司经营者满足产业内外各种人类需要的责任联系起来，包含了道德因素
鲍文（Bowen）	1953	在其出版的《企业家的社会责任》一书中提出了现代企业社会责任概念，即企业追求自身权利的同时必须尽到责任和义务
弗里德曼（Friedman）	1962	企业的社会责任就是增加利润，强调企业是纯粹的经济机构

续表

学者或机构	年份	社会责任的定义
麦奎尔 （McGuire）	1963	主张公司不仅有经济和法律方面的义务，还应承担其他社会责任
戴维斯（Davis）， 布罗斯多姆 （Blomstrom）	1975	社会责任是决策者的义务，决策者在追求自我利益时必须采取行动以保护和增进社会公益
雷蒙德 （Raymond）	1976	企业社会责任是认真思考公司行为对社会的影响
卡罗尔（Carroll）	1979	企业社会责任意指某一特定时期社会对组织所寄托的经济、法律、伦理和自由决定的期望，包括经济责任、法律责任、伦理责任和慈善责任
爱普斯特 （Epstein）	1987	企业社会责任主要指组织对特别问题的决策应对利益相关者有益而不是有害，主要关注企业行为结果的规范性、正确性
伍德（Wood）	1991	企业社会责任是企业和社会互动的基本理念，包括制度层次的合法性、组织层次的公共责任和个人层次的管理自主等原则
埃尔金顿 （Elkington）	1997	三重底线概念：企业不仅关注其财务结算底线，同时也关心两项影响公司生存的与日俱增的环保和社会公正因素
美国经济 发展委员会	1971	"三个中心圈"的定义：内圈代表企业的基本社会责任，即为社会提供产品、工作机会并促进经济增长的职能；中间圈是指企业在实施经济职能时，对其行为可能影响的社会和环境承担责任，如保护环境、合理对待雇员等；外圈包含更大范围地促进社会进步的其他无形责任，如消除社会贫困等
世界银行	2003	企业与关键利益相关者的关系、价值观、遵纪守法以及尊重人、社区和环境有关的政策和实践的集合，是企业为改善利益相关者的生活质量而贡献于可持续发展的一种承诺
世界经济论坛	2003	作为企业公民的社会责任包括：好的公司治理和道德标准；对人的责任；对环境的责任；对社会发展的广义贡献
俊海	1999	公司社会责任是指公司不能仅仅以最大限度地为股东们营利或赚钱作为自己的唯一存在目的，而应当最大限度地增进股东之外的其他所有社会利益
刘连煜	2001	公司社会责任指营利性的公司，于其决策机关确认某一事项为社会上多数人所希望后，该营利性公司便应放弃营利意图，使该公司符合多数人的期望

学者或机构	年份	社会责任的定义
卢代富	2004	所谓企业社会责任，指企业在谋求股东利润最大化之外所负有的维护和增进社会利益的义务
王怀明、宋涛	2007	企业社会责任是对其利益相关者（包括政府、员工、投资者和公益事业等）所应承担的以社会利益为目标的必要责任
李淑英	2007	在社会契约框架下，企业社会责任不是一成不变的道德约束，而是需要根据企业社会环境变化而改变，以适应和满足社会对企业的期望和要求。现今企业社会责任主要指的是企业的伦理和慈善责任

资料来源：根据相关文献整理。

2.3.2 企业社会责任的维度与测量

在企业社会责任的维度问题上，目前，卡罗尔（1979，1999）的金字塔四维度模型受到了最多的认可。如前所述，卡罗尔将企业社会责任划分为四个维度：经济责任、法律责任、伦理责任以及慈善责任。经济责任关心的是企业对股东的经济上的责任；法律责任要求企业需要在相关法律法规的约束下，合法经营的责任；伦理责任要求企业在经营管理的过程中，实现社会公平和正义的责任；慈善责任要求企业积极参与到向社会表达善意的慈善捐款责任中。在他的观点中，企业的社会责任是有层次的，从低到高分别是经济责任、法律责任、伦理责任以及慈善责任。

卡罗尔的四维度模型论根据责任的性质清晰地划分了企业的各种社会责任，并对不同的社会责任进行比较分析。该观点清晰易解，对企业社会责任内容的界定有着明显的突破，成为目前分析企业社会责任的最重要理论之一。然而，该模型也有一些局限性：第一，金字塔中不同层次的责任之间往往存在交叉重叠的地方，对具体的社会责任界限不够清晰，如伦理责任中已经包含了部分慈善责任的内容。第二，该框架通过责任属性来划分社会责任类别显得比较抽象，对象和内容都不够明确，难以实证检验，也不利于企业管理者的实际应用（郑海东，2007；辛杰，2009）。第三，在卡罗尔的定义中，环境责任这一重要的责任并没有得到体现。为了弥补卡罗尔四维度模型的不足之处，施瓦兹（Schwartz）和卡罗尔（2003）提出了新的社会责任结构模型，将卡罗尔四维度模型中的伦理维度和慈善维度合并为单一维度，即伦理维度，并且变原来的金字塔结构为三个领域交叉的维恩图结构，根据不同领域之间的交叉情况把企业社会责任分为七种情况。此外，还根据某一个领域在总领域所占的权重，把企业社会责任分为四类：经济责任导向型、法律责任导向型、伦理责任导向型和平衡责任导向型。该模型比原模型更加合理，但不同社会责任间界限模糊的问题并没有得到有效解决。美国经济发展委员会提出的"三个中心圈"与埃尔金顿提出的"三重底线"这两种划分方式与卡罗尔的划分方式有着相似的利弊，划分都较为简洁易懂，易于理解，却都在具体责任的界定和实践操作上有着模糊不清的问题。

　　此外，从利益相关者理论出发，部分学者认为，企业社会责任具有情境性，需要针对不同的利益相关者对企业社会责任的维度进行具体划分。如亨里克斯和萨多斯基（Henriques & Sadorsky，1999）认为，企业的利益相关者有四类，分别是组织利益相关者（organization，包括顾客、员工、股东）、社区利益相关者（community，如社区当地居民）、监管利益相关者（regulatory）以及大众媒体利益相关者（media）。KLD 公司根据克拉克森（Clarkson，1995）对基础利益相关者与边缘利益相关者的划分，将企业社会责任划分为员工相关的责任、产品相关的责任、环境相关的责任、多样性相关的责任以及社区相关的责任。借鉴福赛思（Forsyth）的商业伦理问卷（Forsyth Ethics Position）及中国古代陶朱公的 12 条商业规范，顾和克里斯（Gu & Chris，2011）认为企业社会责任应该包括 5 个方面：对个人的尊重的责任、对伦理标准的相对容忍度、企业在社会中的地位、采取的商业行为、承担的社会责任。此外，德·格罗斯鲍里斯（de Grosbois，2011）根据对酒店企业社会责任报告的结果总结出 5 项责任：环境责任、员工责任、多样性责任、社区福利责任以及经济责任。达尔斯拉德（Dahlsrud，2008）根据对 37 个现有的定义进行归纳总结，将企业社会责任划分为 5 个维度，分别是环境维度、社会维度、经济维度、利益相关者维度以及自愿性维度。我国的谷慧敏等（2011）也做出了尝试，认为企业社会责任可以分为两个维度：基础型社会责任和升华型社会责任，其中，前者包括了员工责任以及股东责任，后者包括了顾客责任、社区责任、社会舆论责任和当地政府责任等。无论是不同学者何种方式的划分，基于利益相关者理论的企业社会责任维度划分，都有一个共同的局限性。这种形式的划分对情景有着严重的依赖性，对情境外的问题缺乏指导作用。如制造企业的利益相关者区别于服务业，服务业中的旅游业区别于银行业，旅游业中的酒店企业区分于旅游开发商，即使是具体到酒店企业，城市酒店也需要区别于景区景点酒店。但是，基于利益相关者的企业社会责任维度划分也有一个不可忽视的优势，即无论是对具体研究的理论深度，还是对具体实践过程的操作性，都有很高的借鉴指导意义。基于利益相关者理论，部分学者只针对某一具体的利益相关者对社会责任维度进行划分。从企业管理者的视角出发，巴苏和帕拉佐（Basu & Palazzo，2008）从认知、语言、意动三个维度来刻画企业社会责任。其中，认知维度是关于"企业在想什么"的体现，包括组织成员对组织的使命、任务等问题的认知，也包括组织成员共同形成的关于信仰、价值观、生命本源等问题的认知，以及对遵守社会规范、社会共同的价值观等的共识。语言维度是关于"企业在说什么"的认识，包括组织如何向社会公众、向其利益相关者陈述自己在进行的业务情况以及履行的社会责任情况。通过企业的正当宣传、沟通用语，可以增加企业社会责任报告透明化程序与行为的合法性，避免虚假宣传等问题。意动维度是关于"企业将会如何实施"的体现，意动首先是企业承担社会责任的一种姿态，表现了企业如何对利益相关者的期望、需求、建议等问题做出反应。此外，意动维度还包括企业具体的社会责任行为，企业是否如其宣传一样，积极履行社会责任，是否向组织员工传达企业社会责任行为的精神等。此模型能够以这三个维度为标准，更好地挖掘组织深层次的认知和行为特征，能很好地解释为什么各个公司在面对企业社会责任时反应和行为不一样，以及为何不同的企业与利益相关者关系不一致的问题。该模型还为我们对不同组织的企业社会责任实践情况提供了很好的区别方法，有效地分辨具有良好社会责任品质的组织和具有恶劣社会责任品质的组织。但是，该模型的维度划分过于抽象，难以操作化，在后续的研究中，没有相对应的测量方式，有待学者的进一步研究。也有部分学者从企业员工以及消费者的角度出发划分企业社会责任的维度，如李等（Lee et al.，2012）从服务员工的角度将员工感知的企业社会责任划分为四个维度；从消费者的角度出发，利希滕斯坦等（Lichtenstein et al.，2004）对消费者感知的企业社会责任作为一个单独维度进行研究。但无论是从员工的角度还是从消费者的角度，学者们基本上都延续了基于管理者角度的研究，或者照搬已有的维度划分方式，或者只针对某一个或两个维度进行研究（如表 2.3 所示）。

表 2.3　　　　　　　　利益相关者——企业社会责任矩阵

利益相关者类型	经济责任	法律责任	伦理责任	慈善责任
股东				
员工				
消费者				
社区				
供应商				
社会压力群体				
政府部门				
……				

从以上的维度划分方式可以看出来，从不同的利益相关者角度出发，有着不同的维度划分方式，这些相异的划分方式都能在某种程度有力地说明企业社会责任的维度问题，但都有自身的缺陷。卡罗尔和巴克霍尔茨（Carroll & Buchholtz，2003）在他们的著作《企业与社会——伦理和利益相关者的管理》中提出了利益相关者—企业社会责任矩阵，结合了卡罗尔的四维度结构模型以及利益相关者理论、企业本身的诉求、利益相关者的需求，为我们更好地理解企业社会责任的维度问题提供了一个简洁有效的工具。

在关于企业社会责任测量的问题上，现在国内外最为常用的方法包括利益相关者贡献法、KLD 指数法、内容分析法、问卷调查法和声誉评价法。可以大致分为政府机构及第三方组织的测量、专业的社会责任研究数据库以及学术界用于研究的数据。最早对企业社会责任进行测量的政府机构是美国经济优先委员会，该委员会在 1971 年采用一套名为 CEP 的指数对 24 家造纸公司在控制污染方面的表现进行排名，最终得出不同公司的企业社会责任声誉的数值，该方法主要是以企业的污染情况为标准，测量的是企业的环境责任。较为正式正规的机构测量，是由《财富》杂志自 1982 年起，以电话和信件的方式，对其榜单上公司的外部董事、金融分析师以及高层管理者进行的企业声誉调研。受访者被要求对被提名的 300 家《财富》排行榜上的大企业按照 8 个特征进行打分，最后取各项特征的算术平均数作为企业的社会责任分值。然后，该测量的 8 个特征，只有 4 个是关于企业社会责任方面的，分别是创新性、产品或服务质量、吸引和保留员工、社区和环境责任，另外 4 个特征是关于企业财务方面的特征，如管理质量、长期投资价值、财务合理性、资产运用。虽然该测量能较好地评估一个企业的社会责任状况，但是，由于企业的财务方面的指标对最终结果影响甚大，且无法有效区分企业声誉财务方面与非财务方面的影响（Fryxell & Wang, 1994），因此受到不少学者的质疑。在后续的发展中，《财富》杂志针对财富 500 强榜单，根据它们的企业社会责任报告等对外公开信息对企业履行的社会责任进行了综合评价，并最终计算出一份"企业社会责任排行榜"。由于该榜单在计算方式和计算标准方面的透明性，得到了学术界和实践界的一致认可。然而，由于《财富》杂志的企业社会责任排行榜只针对 500 强企业，对学术研究具有一定的制约性，也对大量的中小企业缺乏指导意义。此外，专业的社会责任研究数据库很多，其中，最有名的是美国的 KLD 公司根据本公司数据库开发的 KLD 指标。KLD 指标的信息源来自 800 个上市公司的社会责任相关报告，对员工关系、产品质量、生态环境等 9 个方面的数据进行汇总评价。KLD 指标有着良好的构思效度、全面的关注点、客观的数据来源，被企业社会责任研究者广泛使用。

由于我国并没有权威的评级机构，以上的两种方法主要出现在国外学者的研究中，因此我国学者的研究主要使用的是第三种方法，即学术界的测量方法。奥佩伦等（Aupperle et al., 1985）回顾了以前测量方法的不足，根据卡罗尔的四维度金字塔模型，开发了相应的量表，对企业的经济责任、法律责任、伦理责任以及慈善责任进行了测量。他们通过了严格的信度、效度检验，得到了一份具有 20 个题项的量表，该量表能很好地测量被调查人对企业社会责任的态度和看法，为企业社会责任的更进一步研究提供了良好的基础。同样是采用卡罗尔的金字塔模型，根据企业员工的理解，李等（2012）开发了一份具有 26 个题项的量表用于测量服务员工对企业的社会责任感知。井上和李（Inoue & Lee，2007）在 KLD 指标的基础上，开发了一个具有 28 个题项的 5 维度量表，5 个维度分别为员工相关责任、产品质量责任、社区相关责任、环境保护责任以及多样性责任。也有学者根据企业的企业社会责任报告归纳总结企业社会责任测量，如德·格罗斯鲍里斯（2011）收集了 150 家顶级酒店（集团）的企业社会责任报告，对它们的企业社会责任报告内容进行了分析，最后得出一个 5 维度 33 个测量题项的量表，5 个维度分别为环境目标、雇佣质量、多样性与可达性、社会/社区福利、经济发展。也有学者通过对企业的访谈开发社会责任测量量表，如蔡等（Tsai et al.，2012）开发的 6 维度 30 个题项的员工社会责任感知量表。此外，学者们还经常使用内容分析法对社会责任进行测量，他们通过阅读整理企业的社会责任报告、可持续发展报告等相关资料，归纳总结出企业的社会责任实践状况。金立印（2006）从消费者的视角出发，通过一系列定量分析，开发出一个 5 维度的消费者感知的企业社会责任测量量表。郑海东（2007）基于利益相关者的视角，开发的 3 维度（对内部人责任、对外部商业伙伴责任、公共责任）33 个测量题项的量表也给学术界提供了有价值的参考。在目前学术研究过程中，结合欧美的学术成果和我国的社会责任信息现状，我国学者主要选用内容分析法和问卷调查法对社会责任进行测量。

2.3.3　企业社会责任的研究现状

纵观企业社会责任领域的已有研究，主要有三个不同的研究领域：

企业社会责任的第一个研究领域是关于它的理论基础研究。在企业社会责任问题提出后，企业经历了拒绝承担、推脱承担、被迫承担、愿意承担社会责任的过程，学术界也随之有着不同的研究成果。从企业社会责任理论的发展过程来看，拒绝承担和被迫承担社会责任采用的是社会达尔文主义的消极社会责任观，被迫承担社会责任采用的是股东主权至上的间接社会责任观，愿意承担社会责任则采取了利益相关者权益的积极社会责任观（王世权和李凯，2009）。在目前关于企业社会责任的理论解释上，有利益相关者理论、社会契约论、企业公民理论、企业契约理论、企业系统理论、法律责任论、社会责任层级理论和经济伦理学等相关理论基础（赵琼，2007）。其中，利益相关者理论和社会契约论被认为是对企业社会责任问题最有解释力度的两个理论。（1）利益相关者理论由美国斯坦福研究所（1963）提出，并由弗里曼（Freeman，1984）正式建立。斯坦福研究所认为企业对其息息相关的利益相关者负有一定的社会责任。弗里曼进一步界定了利益相关者的范围，他强调企业的利益相关者是所有影响企业经营管理和被企业的经营管理所影响的群体或个人。对于一个企业而言，其利益相关者主要有股东、供应商、雇员、消费者、企业债权人等，也包括政府部门、当地社区、本地居民、媒体。利益相关者理论的核心观点认为，企业与其利益相关者有着相依相生的紧密关系，任何一个公司的发展都离不开各种利益相关者的贡献，企业追求的是利益相关者的整体利益，而不仅仅是企业自身的利益。各个利益相关者都为企业的生存和发展注入了一定的专用性投资，他们或是分担了一定的企业经营风险，或是为企业的经营活动付出了代价，企业的经营决策必须要考虑他们的利益，并给予相应的报酬和补偿（陈宏辉和贾生华，2003）。管理者只有从利益相关者角度出发管理企业，才能获得可持续的健康发展。（2）社会契约理论是用作解释个人与政府之间的适当关系的一种社会学说，后来被广泛运用于个人与组织、组织与社会之间的关系研究中。社会契约主张个体融入组织、企业融入社会是一个相互认同的过程。现代企业理论认为企业是包括一系列显性契约和隐性契约的实体，这种契约由不同个体之间的复杂关系组成（Jensen & Meckling，1976）。社会契约论在企业社会责任方面主要有三个观点：工具主义观点、规范性观点以及综合性观点。工具主义观点将履行企业社会责任作为企业的一种经营管理的工具或手段，认为企业承担社会责任能够实现其经营目标（Jones，1995）。与此相反，规范性观点将企业社会责任从企业经营目的中区分开来，强调社会责任是企业的一种伦理责任，与企业的经营目标无关（Donaldson & Preston，1995）。可以看出，规范性观点摒弃了将社会责任作为经营手段的理解，从更根本的价值判断视角来要求企业履行相对应的社会责任，并认为承担社会责任既不是目的，也不是为了达到某种目的而采取的手段，而是企业作为社会系统中的一员，必须承担的对社会有益的责任（Clarkson，1995；Mitchell & Wood，1997）。从规范性观点和工具主义出发，唐纳森和邓菲（Donaldson & Dunfee，1994）进一步将企业与利益相关者间所遵循的所有契约形式总称为综合性社会契约。综合性社会契约理论认为，由于工具性观点将社会责任与企业经营绩效联系在一起，使企业及其所有者在短期内更容易接受社会责任，是倡导企业履行社会责任的有效途径。相比而言，规范性观点从企业与利益相关者间的契约关系出发，明确了企业承担社会责任的本质，指明了企业在社会责任方面的长期发展方向。

企业社会责任的第二个研究领域是关于企业社会责任的动因研究。通过文献回顾和逻辑推导，赫斯特德和萨拉查（Husted & Salazar，2006）总结了企业实施企业社会责任主要有三个可能的动机。第一个可能的动机是利他主义（Altruism）动机。基于利他主义而实施企业社会责任行为的企业是真诚地希望承担社会责任，愿意为社会的福利和进步尽一份力，而不会考虑企业社会责任活动带来的成本或收益问题。第二个可能的动机是受威迫的利己主义（Coerced Egoism）动机。基于受威迫的利己主义而实施企业社会责任行为的企业只是因为法律或者其他规章制度的强迫性要求，才被动地承担社会责任。第三个可能的动机是战略动机，也就是企业的利己动机。基于战略动机实施企业社会责任的企业将企业社会责任行为作为企业的一项战略行为执行，持该观点的管理者往往会认为企业社会责任行为所带来的收益比其付出的成本要更高。从该观点出发，企业社会责任的实施是有利可图的，能给企业带来更高的利润，是企业在竞争中取胜的战略措施（Husted & Salazar，2006）。无论是从利他主义出发还是从利己主义出发，对企业的企业社会责任都有着很强的解释力度。在实践操作中，企业管理者实施企业社会责任的原因，往往既有利己动机，也有利他动机，两者不是相互替代，而是兼而有之的（Jensen，1998）。

企业社会责任的第三个研究领域是关于企业社会责任行为与企业绩效的关系研究，该领域是目前最主流也是最受争议的研究。在这部分研究中，企业绩效包括以股价为指标的市场绩效、以财务收入为指标的财务绩效、以品牌资产为指标的品牌绩效、以消费者的态度评价和行为倾向为基础的消费者绩效。目前学术界关于企业社会责任与企业绩效的关系研究主要集中在：企业社会责任与企业绩效是否相关？如果相关，两者之间是否存在因果关系（Preston & Bannon，1997）。在营销管理领域，只有很少一部分研究认为企业社会责任与企业绩效不相关或者负相关。其中，不相关论认为，企业在承担社会责任过程中增加的成本，会被由此引起的收益抵消，表现为企业社会责任与财务绩效不相关（Aupperle et al.，1985）。负相关论认为，企业在社会责任方面的投入给企业带来了额外的经营成本，却不能给企业带来收益，降低了企业的竞争力，企业不应该承担社会责任（Vance，1975；Ullmann，1985）。大部分营销研究都倾向于社会责任与企业绩效正相关，强调履行企业社会责任可以给企业带来正向的影响，例如提高消费者对企业的认可（Brown & Dacin，1997；Sen & Bhattacharya，2001；Berens，Van Reil & Van Bruggen，2005）、增强品牌影响力（Houston & Johnson，2000；Luo & Bhattacharya，2006）、减少广告支出进而降低经营成本（McWilliams & Siegel，2001）、吸引人才及投资者的青睐等（Bhattacharya & Sen，2004；Maignan & Ferrel，2004；McWilliams，Siegel & Wright，2006）。

2.3.4 旅游企业社会责任

随着全球经济的腾飞以及旅游消费文化的发展，旅游行为已经成为一种广泛的全球性现象，旅游业也成为全球经济中增长最快的行业之一（Walle，1995；Kasim，2006）。近年来，随着社会责任理论引入旅游领域，旅游学界开始对旅游企业社会责任的内涵和影响作用进行分析研究。

1995 年，瓦勒（Walle）对旅游企业与企业社会责任的关系进行了初步探讨。他认为，虽然商业伦理道德是一个具有普适意义的概念，但是在不同的行业，商业伦理道德是不同的。每个行业都存在着一系列特殊的问题以及关注点，伦理道德需要根据行业的特殊性进行探讨。从旅游行业的发展看来，至少有三个与其他行业不一致的伦理道德关注点（Walle，1995）：第一，在旅游理论与旅游行业道德中，"进步（progress）"这个概念并不是一个核心的、通用的概念。对于旅游行业来说，技术创新等带来进步的最核心工具并不是关注点，旅游景区本身的资源依赖性很强，越"落后"的地方吸引力可能越大，例如探险旅游、原始森林旅游等。第二，旅游提供的产品或服务，会由于旅游行业发展带来的压力被破坏和摧毁。旅游行业的容纳能力是既定的，与工业产品不同，旅游景区不能随着劳动生产率而扩大，过多的旅游者会带来景区的拥挤，过度的开发会破坏旅游环境，因此，旅游行业的过度发展，会破坏和摧毁旅游产品。第三，当旅游行业制定其战略的时候，所有利益相关者的需求都必须要考虑在内。由于旅游行业涉及的利益相关者众多，如旅游企业、景区、自然环境、人文环境、当地社区文化、社区居民、游客、政府等，这些利益相关者与旅游行业的发展息息相关。因此，在旅游行业制定战略方针时，必须更多地考虑其利益相关者的需求。亨德森（Henderson，2007）的研究结论支持了瓦勒的观点，他论证了旅游业是旅游服务者通过提供包括交通、住宿、娱乐等，为旅客带来游玩体验的一种服务。旅游服务增加了人们对环境破坏的潜在可能性，旅游行业与环境保护息息相关。因此，旅游企业在经营管理的过程中，需要更多地关注他们应该承担的社会责任，主动履行保护环境、延续传统文化、支持社区发展等责任（Henderson，2007）。

在旅游行业中，可持续旅游与企业社会责任息息相关。近年来，随着绿色旅游的兴起，保护自然遗产和文化遗产等目标越来越受到重视，大量旅游企业制定了可持续旅游战略方针并进行了广泛宣传（Diamantis，1999；Stabler，1997）。联合国的一份关于可持续旅游的报告定义了 12 个可持续的纲领，分别是经济可行性、当地繁荣、雇佣质量、社会公平、游客满足、当地控制、社区福利、文化富足、物理完整性、生物多样性、资源效率以及环境净化（UNEP，2005）。可持续发展的基本原则与企业社会责任有着众多的共同点，很多相关的条款是可以相互转换的。旅游企业融合企业社会责任与可持续发展理念，追求可持续旅游，就是在履行对社会的责任（Henderson，2007）。作为可持续发展的微观层次的内容之一，企业社会责任是旅游企业支持可持续旅游的最有效方法（Walle，1995）。虽然可持续发展与企业社责任有着诸多的共同点，但二者还是有显著的差异。可持续发展致力于在经济发展的过程中，给所有的利益相关者平等的关注和对待。而企业社会责任实践在对待利益相关者时，是有偏重的，如针对员工的雇员计划、针对社区的发展计划、针对灾区的慈善行为；可持续发展理念是从整个人类社会的福利角度出发的，要求既致力于能满足当代人的需要，又不对后代人满足其需要的能力构成危害，企业社会责任虽然也考虑到了人类社会的福利问题，但出发点还是企业本身，即为企业营造更好的内部和外部环境，使得企业可以持续盈利；可持续发展致力于平衡当前与未来的发展，有着更深层次、更广泛的社会目标，而企业社会责任相对而言只是企业对自身短期的社会影响的关注，通常都是一些特定的志愿性行动，如慈善捐助等（Henderson，2007）。

通过上述对比可见，可持续发展是长期的、平等的、宏观的人类社会问题，而企业社会责任相对而言是短期的、有偏重的、微观的社会组织问题。由于旅游业对人类自然环境、人文环境有着严重的依赖性，可持续发展对旅游业尤为重要，成为旅游业一直提倡的行业发展方向。对于单个旅游企业而言，实施可持续旅游的最有效方式便是履行其社会责任，从微观层面为可持续旅游提供支持。

近年来，随着社会责任理论逐渐覆盖旅游领域，旅游学界开始对旅游企业社会责任的内涵和影响进行分析研究。虽然企业的企业社会责任实践与消费者响应评价及财务绩效的关系已经被管理学者与营销学者广泛研究，但旅游业学者在这些方面的实证研究还较为缺乏（Lee & Park，2009）。格雷（Gray，2000）是最早实证探讨旅游业企业社会责任作用的研究者之一，为后人的研究提供了很有价值的启示作用。他们对比了旅游企业以及高市场导向服务企业的 7 个组织层面的特征，包括整体的市场导向、企业文化的核心要素、环境影响的差异、绩效、创新、信息技术以及企业道德。其研究结果表明，企业道德对企业绩效的影响，在旅游企业和服务企业中是一致的（Gray et al.，2000）。这就是说，以服务企业为对象的企业社会责任研究，在旅游企业同样适用。罗德里格斯和克鲁兹（Rodriguez & Cruz，2007）的实证研究支持了格雷等人的结论，他们的研究结果表明酒店的企业社会责任实践对提高酒店的财务绩效有显著的正向影响。谢和吴（Tse & Ng，2003）指出，在激烈的外部市场竞争环境下，酒店关于环境保护的经营理念是它们成功与否的重要因素之一，酒店的企业社会责任实践能够提高酒店客房的使用率以及收益率，进而提高财务绩效。但是，李和帕克（Lee & Park，2009）的研究结果却显示，虽然酒店的企业社会责任实践能给酒店带来正向的财务绩效，但是，赌场的企业社会责任实践却与其财务绩效没有显著的关系。

在为数不多的国内关于旅游企业社会责任研究中，孙吉信（2007）指出，旅游业的企业社会责任主要体现在保护生态环境、保护社区传统的人文文化、约束企业员工行为；苏志平和顾平（2010）认为旅游企业社会责任应包括经济责任、法律责任和伦理责任；沈鹏熠（2012）借鉴企业社会责任的一般理论，将旅游企业社会责任界定为经济责任、员工责任、法律责任、游客责任、慈善责任和环境责任。除了环境责任外，都是一些通用性的责任。环境责任具有一定的情景效应，环境责任指旅游企业应树立环保意识，并将环保理念运用于旅游产品和服务的供给中，保护目的地生态环境，促进旅游业可持续发展。其实证结果表明，由于晕轮效应的存在，游客对旅游企业行为的评价，转移到其对目的地形象的感知上来，提高了游客对目的地的认知形象、情感形象、游客满意度以及游客忠诚度（沈鹏熠，2012）。根据中国旅游企业社会责任的特殊性，谷慧敏等（2011）进行了一系列有价值的探讨。针对中国酒店企业社会责任的实现机制，谷慧敏等使用扎根理论将酒店的利益共同体分为基于基础型社会责任的"命运共同体"和基于升华型社会责任的"利益共同体"两类，并探讨了两种社会责任的实现机制。随后，从制度压力的角度出发，他们分析了规范压力、认知压力以及规制压力等因素对旅游企业高管实施社会责任意愿的影响机制（李彬等，2011）。为了进一步明晰中国酒店经理感知的商业理论及社会责任，谷和克里斯对257 名中国酒店高管进行了访谈，他们的实证结果表明酒店管理者认同的商业伦理道德和社会责任可以分为 5 个维度 35 个问题，分别是对个人的尊重、对伦理标准的相对容忍度、企业在社会中的地位、采取的商业行为、承担的社会责任（Gu & Chris，2011）。在此基础上，他们结合中国国情，精细化了政治连接和关系对酒店高管履行社会责任的影响，其研究表明，政治连接能显著提高高管对环境责任和慈善责任的履行行为，而对顾客权利、健康关注等其他 6 个责任没有影响（Gu et al.，2013）。谷慧敏等的一系列研究，既与欧美学者的已有旅游企业社会责任研究进行了直接对话，也强调了中国的特殊国情，深入分析了中国酒店高管履行企业会责任的因果机制，为丰富我国旅游企业社会责任研究作出了较大的贡献，为后续的研究打下了一定的基础，树立了积极的模范作用。虽然国内旅游学者已经开始关注旅游企业的社会责任，但关于企业社会责任对于旅游企业的特殊性问题尚未有深入的讨论。

总的来说，目前关于旅游企业社会责任的研究，可以分成两类：第一类是关于旅游企业社会责任的结果研究，主要包括财务绩效结构和游客感知形象研究，如弗雷和乔治（Frey & George，2010）关于企业社会责任、责任旅游管理对旅游企业财务绩效、非财务绩效以及游客组织承诺的影响机制研究，李和帕克（Lee & Park，2009）针对酒店和赌场检验企业社会责任实践与财务目标之间关系的研究，沈鹏熠（2012）关于旅游企业社会责任对目的地形象及游客忠诚的影响研究。这一类的研究主要还是沿用了传统基于制造业的企业社会责任研究思路，没有考虑到旅游企业的社会责任的特殊性，只强调企业股东或者游客这两种利益相关者，暂未涉及旅游企业对当地社区、自然环境、社会环境等其他利益相关者的影响。第二类是关于旅游企业的商业道德、社会责任范畴、必要性、特殊性等问题的分析。瓦勒（Walle，1995）早在 1995 年便从微观和宏观的视角分析了商业道德与旅游业的关系。他认为，旅游是一个特别的行业，传统基于制造业的商业道德问题并不完全适用于旅游业，他呼吁旅游学者应该针对旅游业本身的特殊性，对企业商业道德问题进行重新的思考和界定。卡西姆（Kasim，2006）探讨了旅游企业的环境责任和社会责任的必要性，他提出了酒店业的商业环境和社会责任的概念，认为旅游活动对经济环境和社会环境都有着不可忽视的影响，其进一步强调在目前旅游学术界和实践界对企业社会责任问题的重视度不够。亨德森（Henderson，2007）从可持续发展的角度，论述了企业社会责任对旅游企业的重要性和必要性。他强调，实施可持续旅游的企业，从定义上来讲就是要积极履行企业社会责任，平衡旅游发展收益在不同利益相关者之间的分配。与其他行业不一样，企业社会责任不是企业经济责任和法律责任之外的锦上添花，企业社会责任对于旅游企业是与经济责任、法律责任同等重要的企业持续经营发展的必要条件。

2.3.5　酒店社会责任

旅游企业是以旅游资源为依托、在旅游消费服务领域中进行独立经营核算的经济单位。按照从事旅游产品经营的产业链划分，可以将旅游企业进一步划分为直接旅游企业、辅助旅游企业、开发性组织。而直接旅游企业包括旅游景点、酒店、餐馆、交通公司、旅行社、旅游商店、娱乐场所等（魏卫，2006）。

本书选取酒店作为研究对象，原因有四个：第一，旅游业作为中国改革开放政策的主要成员，伴随着中国旅游业 30 余年的蓬勃发展，酒店作为旅游业中的主力军和支柱产业之一（Gu & Chris, 2011；唐慧，2011），不仅为我国旅游业的发展起到了推波助澜的作用，而且对改革开放和国民经济的发展也起到了积极的推动作用。第二，由于自身的企业特征，酒店具有更多的国际化元素。在经营管理的过程中，酒店需要接待来自不同国家和地区、有着不同文化风俗的顾客，酒店会受到外来消费习俗和消费文化的冲击，而企业社会责任需求是这种全球消费文化的一种。第三，在所有的旅游企业中，酒店是对外开发的行业，走在了旅游企业的最前沿，能够代表旅游企业的国际化发展方向（Gu & Hobson, 2008）。第四，酒店业是一个高度竞争的行业，本土酒店品牌直接面临外国品牌的竞争，在企业性质上，本土酒店和外国酒店较为相像，大多是现代化的法人企业，关于酒店业的社会责任研究与现有的基于其他行业的企业社会责任研究结论能够较好地接轨和对话。此外，酒店还带有旅游企业本质特性，相对于其他企业，酒店在环境责任、社区发展等方面肩负着更重的责任（Gu & Hobson, 2008；Gu & Chris, 2011；谷慧敏，李彬和牟晓婷，2011）。

从政府机构层面来看，每年举办的"绿色旅游饭店"评选活动以及两年一评的中国旅游酒店"金星奖"评选活动，都说明了我国酒店相关的主管部门已经开始引导和规范酒店企业社会责任方面的行为。从酒店本身来看，已有大量酒店提出了自己的社会责任相关政策和活动，如锦江之星关于"慈善捐赠，志愿者活动，建筑节能，改善空气质量"等企业社会责任项目；金陵饭店关于"员工与企业共成长，积极推进环境保护，厉行资源节约，投身社会公益事业"等企业社会责任项目；以及华天酒店集团关于"走资源综合利用之路，发展环保能源事业，支持社会公益事业，集团及下属企业、控股公司每年均积极参加对慈善总会、春风行动、见义勇为基金、对口扶贫等社会活动的捐助行动"等企业社会责任项目。可以这样说，在企业社会责任这个问题上，酒店是旅游业与其他行业接轨的一个很好典范。因此，本书选取酒店作为研究对象，从酒店、管理者、酒店员工、酒店顾客 4 个角度论述酒店企业社会责任的相关研究。

（1）酒店企业社会责任报告。

对于企业而言，在企业社会责任方面，如何做和如何说是两件最重要的事。消费公众对企业如何做要求得越来越高，他们希望企业认识到自身的社会和环境责任，并要求企业通过减少那些对社会有负面影响的经营活动，增加对社会有积极影响的行为（Juholin，2004）。德·格罗斯鲍里斯（2011）进一步指出，随着企业社会责任实践的发展，企业的利益相关者不仅要求企业履行社会责任，还渴望能够获取企业社会责任实践情况的相关信息。为了满足利益相关者的这个需求，企业的社会责任传播成为最有效的方式。莫尔辛（Morsing，2006）指出，企业的社会责任传播是指企业自身关于其在履行社会责任义务方面的报告和宣传。企业可以通过多种方式进行企业社会责任传播，如企业社会责任报告、可持续报告、大众媒体、电视广告宣传、网络宣传。在这些传播方式中，企业社会责任报告被认为是最重要也是最有效的方式（Lober et al.，1997；Esrock & Leichty，1998；Line et al.，2002；Murphy，2005；Stanaland et al.，2011）。对于酒店而言，这个结论也同样适用。因此，本书将会通过酒店的企业社会责任报告，分析酒店社会责任的承诺、实践及绩效问题。

德·格罗斯鲍里斯（2011）通过对全球最大的 150 家酒店（集团）的网页进行关于社会责任的信息搜索，发现酒店的企业社会责任报告主要涉及

5 个方面的内容，分别是环境目标、雇佣质量、多样性及可达性、社会/社区福利、经济繁荣。从表 2.3 中可以看出来，与卡罗尔的金字塔模型不同，对于酒店而言，最重要的社会责任是社会/社区福利和雇佣质量，然后是环境目标责任，经济繁荣责任和多样性责任位列最后两位。在单项报告中，社区福利责任中的"提高社区生活质量"问题受到了酒店最多的关注，达到了 54 次，而雇佣质量中的"提供学习和进修机会"以及"提供公平的工资和福利"分别位列第二、第三位。环境目标中的"降低能源消耗"也有 42 次提及。参考德·格罗斯鲍里斯的研究成果，我国学者彭雪蓉等（2013）也对我国酒店集团 15 强的企业社会责任报告进行了内容分析。他们指出，相对于我国酒店业企业社会责任实践的快速发展，有关我国酒店业的社会责任理论研究屈指可数。为了丰富现有的我国酒店业社会责任研究，他们以我国规模最大的 15 所酒店管理集团[①]为研究对象，对它们关于社会责任的公开信息进行了内容分析，并与国外的相关研究结果进行了横向比较，以期揭示我国酒店业社会责任实践的现状与特点。与德·格罗斯鲍里斯的研究结果类似，我国酒店业目前最关注的社会责任内容分别是社区与社会（以慈善事业为主）、环境保护、员工雇佣质量，分别占了报道总频次的 31.6%、20.7%、16.1%。其中，社区与社会中的"慈善捐助""灾难性救济"获得了最多的关注，分别有 15 家和 14 家酒店集团对其进行了报道；环境保护中的"创建绿色旅游饭店""节能降耗"分别获得了 13 家和 8 家酒店集团的报道；雇佣质量中的"权益保障""构建和谐工作环境"分别获得了 6 家和 5 家酒店集团的报道。因此，从酒店的总体看来，无论是国外酒店集团，还是国内的酒店集团，关于企业社会责任的实践方面都表现出极其相似的特征。社会责任中的社区支持（慈善事业）、雇佣质量，以及环境目标受到了酒店集团最多的关注和重视。

---

① 15 家酒店集团分别是：锦江国际酒店管理有限公司、开元酒店集团、港中旅酒店有限公司、南京金陵酒店管理有限公司、首旅建国酒店管理有限公司、山东蓝海酒店集团、碧桂园凤凰国际酒店管理公司、广州岭南国际企业集团有限公司、雷迪森旅业集团有限公司、湖南华天国际酒店管理有限公司、北京国宾友谊国际酒店管理有限公司、浙江世贸君澜酒店管理有限公司、粤海（国际）酒店管理集团有限公司、河南中州国际集团管理有限公司、四川岷山集团有限公司。

　　方特等（Font et al.，2012）对酒店集团的企业社会责任宣传和实践进行了对比分析，他们选取了 10 家知名的酒店集团的 6 个方面社会责任（企业政策、雇佣问题、社会经济问题、环境问题、顾客参与、交通问题）进行了分析（如表 2.4 所示），结果表明，酒店并不能够完全兑现它们的所有企业社会责任承诺。但是，企业社会责任宣传越多的酒店，其履行企业社会责任的行为越多，在这两项中，雅高集团都高居第一位（如表 2.5 所示）。也就是说，企业的企业社会责任报告，能促进企业的企业社会责任行为，或者说，企业的企业社会责任行为越多，其企业社会责任报告越多。无论是哪种情况，都表明企业的企业社会责任行为与其企业社会责任报告是正相关的。

表 2.4　　　　　　　　　　国内外酒店社会责任报告对比分析

主题	陈述的酒店数量	
	国外	国内
雇佣质量	72	9
（1）提供合理的工资和福利		
（2）提供学习和进修的机会		
（3）提供升职的机会		
（4）权益保障		
（5）良好的工作环境		
社会/社区福利	72	15
（1）慈善救助		
（2）提高社区的生活质量，为当地社区提供社会援助		
（3）提高员工、消费者的可持续发展意识，增加关于社会责任的宣传		
环境目标	61	14
（1）降低能源消耗，提高能源效率，倡导能源保护		
（2）创建绿色旅游饭店		
（3）降低水资源消耗		
（4）降低废弃物，提倡可循环使用		
多样性及可达性	36	—

续表

主题	陈述的酒店数量	
	国外	国内
增加工作的多样性		
经济繁荣	46	8
（1）实施可持续发展		
（2）解决就业问题		

资料来源：根据德·格罗斯鲍里斯（2011）和彭雪蓉等（2013）研究成果整理。

表 2.5 　　　　　　　　 酒店社会责任宣传与表现比较

酒店集团	企业社会责任宣传		企业社会责任宣传—实践差距	
	比例	排名	差距百分比	排名
雅高 （Accor）	79	1	6	1
巴塞罗 （Barcelo）	53	7	9	2
卡尔森 （Carlson）	63	5	11	5
希尔顿 （Hilton）	43	8	20	6
Iberostar	33	9	15	3
洲际 （Intercontinental）	65	4	18	8
万豪 （Marriott）	66	3	15	9
Riu	6	10	31	10
索米丽雅 （Sol Melia）	67	2	13	7
喜达屋 （Starwood）	62	6	11	4

资料来源：根据方特等（2012）研究成果整理。

（2）酒店管理者感知的企业社会责任。

企业是否履行社会责任、如何履行社会责任、履行什么类型的社会责任等，很多取决于企业管理者的态度（Reynolds，2000；Gu & Chris，2012）。因此，本书将会从酒店管理者的角度探讨企业社会责任相关问题。

谷（Gu）和克里斯（Chris）在 2012 年通过对 257 名中国酒店高管的访谈，调查了中国酒店经理感知的商业理论及其承担的社会责任。研究理论工具借鉴了福赛思的商业伦理问卷（Forsyth Ethics Position）及中国古代陶朱公的 12 条商业规范（陶工致富 12 则）共 37 个问题，对中国酒店经理关于商业伦理道德的有关看法进行了访谈。他们的研究结果表明，中国酒店管理者普遍（88%）认同企业应承担社会责任而非仅仅获取利润，必须关注个人尊重和员工福利水平。他们认为企业必须具有更广阔的视野，在制定管理战略时，除了获得利润之外，应积极考虑社会责任和商业伦理，个人必须得到尊重。

此外，他们的实证结果还表明，关于酒店管理者认同的商业伦理道德和社会责任可以分为 5 个维度 35 个问题，分别是对个人的尊重、对伦理标准的相对容忍度、企业在社会中的地位、采取的商业行为、承担的社会责任。其中，酒店管理者认为，对个人的尊重最为重要，共有 13 个问题是关于个人尊重的。作为酒店的管理者，人对他们来说最重要，他们尊重酒店的员工、顾客、当地居民，为员工提供合理的薪酬、进修机会以及升职机会，为顾客提供优质的服务，为当地居民提供就业等。第二重要的是关于道德伦理标准容忍度的问题，酒店经理包容其他人对伦理道德不同的看法，认为道德标准是因人而异的，不应该将自己的标准强加于别人之上。可以看出，中国的酒店管理者更多地从人出发，以人为本，更重视伦理道德的问题，相对而言，经济责任、法律责任、慈善责任受到了一定程度的忽视。

（3）酒店员工感知的企业社会责任。

酒店的一线服务员工是酒店的重要利益相关者之一，也承担了企业代言人的角色（Morhart et al.，2009）。此外，根据服务利润链模型，员工的工作满意度决定了员工的组织承诺感和离职率，进一步影响员工的工作绩效，最终决定了企业的经营绩效（Heskett et al.，1994；Loveman，1998）。因此，酒店员工的工作满意度和离职意愿等对酒店经营极为重要（Jennifer & Kenneth，1990；Huselid，1995；John，Charlie & Michael，2009；Ton & Huckman，2010）。

李等（2012）探讨了酒店一线服务员工感知的企业社会责任对关系质量与关系结果的关系。具体而言，他们分析了四类社会责任对员工组织信任、工作满意度、组织承诺以及离职意愿的关系。他们认同卡罗尔关于企业社会责任的看法，将企业社会责任划分为经济责任、法律责任、伦理责任以及慈善责任。与卡罗尔的金字塔结构不同，员工并不是单独地对企业某一类责任的实施情况进行评价，而是综合了企业的所有责任进行的总体性评估。他们的实证研究结果表明，对于酒店员工而言，企业的四类社会责任能够很好地区分开来，不存在部分学者对卡罗尔的社会责任金字塔划分中伦理责任和慈善责任界定模糊的问题。也就是说，从消费者感知的角度出发，酒店的企业社会责任维度划分和测量可以采取卡罗尔的金字塔结构，从经济责任、法律责任、伦理责任以及慈善责任方面去衡量酒店的社会责任履行情况。由于目前较为缺乏关于酒店员工对社会责任感知的研究成果，李等（2012）关于酒店员工感知的社会责任测量，对以后的研究具有较高的借鉴意义。此外，他们关于员工感知的企业社会责任与员工组织信任、工作满意度的关系研究还表明，酒店的经济责任和慈善责任对组织信任有显著的提升作用，而伦理责任对工作满意度有显著的正向作用，酒店的法律责任对员工的关系质量没有任何影响。因此，对于酒店而言，企业的经济责任、伦理责任以及慈善责任都有助于提高与员工的关系质量，其中，慈善责任最为重要，伦理责任次之。

此外，蔡等（2012）对酒店员工关于酒店社会责任的30个相关问题进行了重要性——绩效表现分析。他们基于员工的回答，将30个问题划分为6个维度，分别是环境保护、内部和外部顾客、商业伦理、社区支持、创新性、财务表现。然而，只有环境保护和创新性对总体的企业社会责任感知有显著影响，其他4个维度均对企业社会责任的总体感知没有影响。与此同时，酒店员工还认为，酒店给予了"提升产品或服务的创新"过高的重视和投入，而在"表明对环境保护的承诺"上需要更多的关注。结合重要性——绩效表现分析思路，酒店需要加强对环境保护的关注程度，增加在环境责任方面的投入。

因此，从酒店员工的角度出发，慈善责任对提高关系质量最有成效，而环境责任是酒店最需要增加投入的方面。

（4）酒店顾客感知的企业社会责任。

关于顾客感知的企业社会责任，主要的研究成果都来自营销领域。如前文提到的积极履行企业社会责任，能提高消费者对企业的认可和评价（Brown & Dacin，1997；Sen & Bhattacharya，2001；Berens，Van Reil & Van Bruggen，2005）、增强品牌影响力（Houston & Johnson，2000；Luo & Bhatta-charya，2006）、减少广告支出进而降低经营成本（McWilliams & Siegel，2001）、吸引人才及投资者的青睐等（Bhattacharya & Sen，2004；Maignan & Ferrel，2004；McWilliams，Siegel & Wright，2006）。毫无疑问，消费者对企业社会责任的感知，能够有效地提高他们对企业整体形象的评价。

在关于消费者感知的企业社会责任的测量问题上，营销学者的争论并不多。目前主流的研究，大多是以慈善捐助作为企业社会责任的衡量标准（Lichtenstein et al.，2004；Winterich & Barone，2011；Robinson et al.，2012；Lee et al.，2012）。李淑英（2007）根据社会契约框架指出，企业社会责任不是一成不变的道德约束，而是需要根据企业社会环境的变化而改变，以适应和满足社会对企业的期望和要求。例如，在生产效率较为低下的半个世纪之前，企业的责任主要是以合理的价格为消费者提供合格的产品和服务，而现在，人们已经普遍认为企业需要对环境问题、社会公平等问题负责，伦理责任和慈善责任成为消费者关注的中心。李淑英的观点很好地解释了为何现今的营销研究主要以慈善责任作为企业社会责任的衡量标准，卡罗尔金字塔中的其他责任，包括经济责任、法律责任、伦理责任均随着社会的进步，慢慢地成为企业的必要承担责任，慈善责任是目前消费者最为关注，也最能提高消费者对企业社会责任感知的维度。结合三个中心圈概念，伦理责任已经从外圈转移为内圈，目前能激励消费者的只有尚处于外圈的慈善责任。

然而，卡罗尔金字塔结构中没有包括的环境责任对于旅游企业尤为重要，绿色酒店也已经得到了实践界的广泛实施（谷慧敏、李彬和牟晓婷，2011）。蔡等（2012）强调，由于环境责任对酒店的重要性，相对于金字塔结构而言，三重底线对酒店社会责任研究借鉴意义更大。此外，他们批评了目前营销学者对慈善责任的偏爱，强调企业社会责任不仅仅是指慈善责任。他们认为，营销学者之所以如此热衷于关于慈善责任的研究，是因为相对其他责任而言，慈善责任更容易成为企业的一种营销工具。对于消费者而言，企业社会责任不应该只是企业的营销工具，还应该是企业主动承担社会责任的亲社会行为。

2.3.6 小结

从以上文献述评可以看出来，从不同的出发点，对企业社会责任有不同的定义，对于不同的利益相关者，关心的企业社会责任也有不同。在传统的组织管理企业社会责任研究中，卡罗尔的四维度金字塔模型受到了最多认可，该模型包括了经济责任、法律责任、伦理责任以及慈善责任。然而，李淑英（2007）根据社会契约框架指出，企业社会责任不是一成不变的道德约束，而是需要根据企业社会环境的变化而改变，以适应和满足社会对企业的期望和要求。由于时代的局限性，在卡罗尔提出四维度金字塔模型的1979年，环境问题尚未成为一个在全球受到如此之多关注的社会问题，环境保护的责任尚未成为企业经营管理的最重要社会责任之一。相对而言，埃尔金顿在1997年提出的三重底线概念，更能反映企业环境保护的社会责任。从以上论述可以看出来，企业社会责任是具有明显的时代性的，在现今时代，环境责任对企业十分重要。此外，由于旅游业对环境具有高度的依赖和影响，德·格罗斯鲍里斯（2011）指出，相对于其他行业，环境保护责任与社区支持责任是旅游企业极为重要的社会责任之一。

此外，从利益相关者理论出发，不同的利益相关者，对企业有着不同的社会责任要求。具体到酒店业，从酒店整体的角度出发，德·格罗斯鲍里斯（2011）对全球最大的150家酒店集团的社会责任报告，我国彭雪蓉等（2013）对我国最大的15家酒店集团的社会责任报告分别进行了内容分析，他们的研究成果均表明慈善事业、雇佣质量、环境目标是受到酒店最多关注的三个内容。为了体现学术研究与管理实践的一致性，本书将根据德·格罗斯鲍里斯（2011）和彭雪蓉等（2013）对酒店社会责任报告分析的研究结果，选用目前酒店给予最高关注以及成果最显著的环境保护、慈善事业以及雇佣质量作为研究酒店社会责任的内容。

2.4　社会公众态度评价

态度（Attitude）是个体对特定社会客体以一定方式做出反应时所持有的稳定的、评价性的内部心理倾向（张林和张向葵，2003）。由于态度塑造了个体的知觉和行为，因此是消费者行为学以及社会心理学研究中一个最为核心的概念之一（Allport，1935；Robert & Baron，1994；Scott et al.，1986）。从定义可以看出来，态度是个体对某个特定的社会客体喜欢程度的一种心理倾向或情感倾向，它会在某种程度上影响行为方式。在消费者领域，社会公众态度评价，是指社会公众对于一系列可供选择的客体（企业、品牌、具体产品或服务）态度上的喜好，最终会反映在购买决策上（Lichtenstein & Slovic，2006）。更通俗来说，社会公众态度评价就是社会公众喜欢或者不喜欢某种事物的个人态度。在被营销学熟知的态度的 ABC 模型中，消费者认为态度包含认知成分、情感成分以及行为成分（Baron et al.，1988）。其中，情感成分是消费者对某特定对象在情感方面的评价，是消费者关于该对象的一系列情感反应；认知成分是消费者通过对态度对象所呈现的信息在理性认知方面的理解和评价；行为成分是指消费者对态度对象的总体性评价，是对该态度对象的购买意向，是实际购买行为的准备阶段。在上述消费态度的三种成分中，情感成分是认知成分和行为成分的基础，由于消费者态度是消费者一系列主观的判断，并且与实际情况有一定的偏离，当消费者在情感上对态度对象表现为喜欢时，更倾向于有着更高的态度认知和购买意愿。相对于情感成分与认知成分，行为成分在很大程度上会影响消费者外显的购买行为，往往视为是消费者购买意向的风向标（Upmeyer et al.，1989）。因此，由于情感因素在态度的结构中起着决定性作用，它成为影响态度改变的主要因素，在本研究中，主要针对社会公众态度中的情感成分进行分析。

在竞争的商业环境中，社会公众对企业的偏好决定着他们与企业的关系，获取社会公众偏好是企业取得成功的重要措施。消费者偏好与个人收入、产品或服务的价格并不相关，消费者实际的购买行为也未必都是由消费者偏爱带来的。例如，某消费者对保时捷汽车的偏爱远超于丰田汽车，但由于购买力的限制，他最后只能购买丰田汽车。但是，对于那些有支付能力的消费者，消费者偏好往往会带来直接或间接的购买行为（Mantel & Kardes，1999）。随着互联网技术的发展以及社会网络社区的兴起，网络信息的传播已经成为了一种平民化潮流，以网络为载体的口碑传播，其传播速度和广度已经超出了所有个人或组织的控制范围，这种网络口碑宣传对企业的品牌形象、消费者的消费文化以及消费者最终的购买决策都产生了十分巨大的影响（黄敏学、王峰和谢亭亭，2010）。对于那些奢侈品，在网络和传媒口碑传播的巨大影响下，奢侈品的非目标顾客对目标顾客的消费行为产生了巨大的影响，那些非目标顾客通过对奢侈品的口碑传播，给奢侈品的使用者贴上某个标签，影响着有购买能力的社会公众的购买决策。杰恩和马赫斯瓦兰（Jain & Maheswaran）的研究发现，第三方的负面信息，尤其是网络口碑传播的大量负面信息，对于社会公众来说具有很强的说服力，能够促使最初的态度坚决的社会公众改变其消费决策（Jain & Maheswaran，2000）。如在意大利品牌 D&G 事件中，D&G 公司的某种行为，严重激怒了民众并引起了社会各界对 D&G 的口诛笔伐，给它带来了严重的负面影响，并且导致 D&G 的销量明显下降。在该事件中，D&G 激怒的是那些可能终其一生也不会购买 D&G 的社会民众。但是，由于社会的舆论压力存在，当企业被贴上了"全民公敌"的标签时，企业的真实顾客往往不会冒天下之大不韪，继续保持和企业的关系。

第 3 章

理论基础与研究假设

3.1 理 论 基 础

挫折—攻击理论，也叫挫折—攻击假说，最早由多拉德等（Dollard et al.）在 1939 年首次提出。挫折—攻击理论认为，当人的一个动机、行为遭到挫折后，就会产生攻击和侵犯性反应。该理论进一步指出，攻击永远是挫折的一种后果，攻击行为的发生总是以挫折的存在为条件。

挫折—攻击理论是对弗洛伊德本能说的延伸和发展。弗洛伊德认为，人有两种本能：生的本能和死的本能。死的本能认为每个人的身上有一种趋向毁灭和侵略的本能，是一种要摧毁秩序、回到前生命状态的冲动。与死的本能相对应，生的本能是人类求生存的本能，它会对死的本能进行压制和阻碍，将死的本能中摧毁、破坏秩序的需求从内部的自我攻击转向外部的对他人攻击，以外向攻击的形式表现出来（宋淑娟，2002）。在挫折—攻击理论中，挫折是一种内心需求得不到满足从而产生的心理状态。在个体需求产生时，会有某种实现该需求的愿望，当愿望由于内部或外部的某种障碍不能实现时，需求得不到满足，个体便会感觉到挫折。多拉德认为，挫折引发的攻击行为是由于欲望需求得不到满足而产生的，当没有被满足的欲望和需求越大时，攻击行为强度也会越大，也就是说，攻击行为的强度与欲望强烈程度成正比。然而，现实中的很多实际情况表明，并不是所有的挫折都会引起个体的攻击行为。最初的挫折—攻击观点过于简单，对许多同挫折和攻击有关的现象不能提供满意的解释。有的人受到挫折后反而增强了战胜困难的决心；有的人受到挫折后变得紧张、倒退、无动于衷或陷入空想等；还有的人引起攻击行为。一般挫折转为攻击，还需要环境中存在着引起攻击的线索。为了完善和丰富挫折—攻击理论，米勒等（Miller et al.）提出了攻击形式多样式的观点。他们将攻击分为外向攻击和内向攻击，外向攻击又分为直接攻击和间接攻击（Meyers，2012）。例如，某人因工作受到老板的责骂，他内心产生了挫折感，如果他能够将老板的责骂合理化，认为该责任完全是自己的原因造成的，那么，他将不会产生攻击行为。如果他不能将责骂合理化，产生的攻击冲动被激发，那么，他可以选择内向攻击和外向攻击，内向攻击是对自己的一些攻击行为，较为常见的是参加剧烈的运动，将挫折引起的不满情绪通过身体的疲倦发泄出去，严重的可能有自残行为。他也可以选择外向攻击，将攻击的对象指向他人。如果他选择对他老板进行报复，那么，他可能会采取外向攻击或直接攻击。他也可能将攻击行为指向老板之外的他人，如自己的下属、家人等，将自己的不满情绪发泄在他人身上。如图 3.1 所示，伯科威茨（Berkowitz，1993）将人们受到挫折后攻击是否会被激发的过程叫作唤醒状态。他认为，挫折不直接导致攻击，而只是攻击的一个激发条件，为攻击行为的发生创造了一种唤醒状态或准备状态。攻击行为的实际发生还需要一定的外部引发线索。当该唤醒状态激发了人们的攻击欲望时，攻击行为才会产生，反之，受挫折的个人将会采用其他行为缓解挫折带来的紧张情绪（Meyers，2012）。该模型解释了为什么不是所有的挫折都会导致攻击和为什么固有的一些看法会增加或减少攻击的可能性。

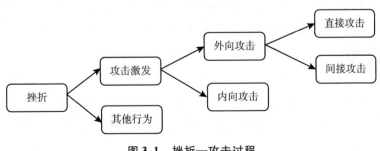

图 3.1　挫折—攻击过程

组织研究延续了正当性和合法性的观点，对组织合法性展开了深入研究。赵孟营（2004）指出，管理学关于组织合法性的研究把社会学的合法性讨论引入到组织分析中，是对合法性理论的一个发展。他认为组织合法性就是组织内的权威结构的尊严性确立。当组织内的权威结构获得承认、支持和服从时，组织就具有了组织合法性；反之，当组织内尚未建立权威结构或权威结构尚未获得承认、支持和服从时，组织则不具有组织合法性。组织合法性是权威结构的被承认、支持和服从。"承认、支持和服从"来自两个显然不同的领域：一个是组织内的组织成员对组织权威结构的承认、支持和服从；另一个是组织外的社会成员对组织权威结构的承认、支持和服从。我们可以把前者称为组织的内部合法性，把后者称为组织的外部合法性。前面提到任何组织的权威结构一经诞生就必然具有某种内部合法性，否则组织将不会出现。从组织合法性的视角，我们对组织的类型又能够获得新的认识：社会组织能够依其合法性的状态区分为完全合法性的组织（同时具备内部合法性和外部合法性的组织）、内部合法性的组织（只有内部合法性没有外部合法性的组织）和外部合法性的组织（只有外部合法性没有内部合法性的组织）（赵孟营，2004）。在财富抵触现象中，主要强调的是社会公众由于对企业的财富正当性的怀疑，导致了他们对企业的不认同，进而降低了企业的外部合法性，甚至发生攻击行为。因此，企业可以通过履行企业社会责任，提高企业财富的正当性，进而获得组织的外部合法性，进而有效降低社会大众对炫耀性企业的攻击行为。

另外，解释水平理论表明，个人对环境的感知和理解是具有情境性和个体倾向的，人们对客观事物的反应取决于人们对该事物的心理表征（李雁晨、周庭锐和周琇，2009；Trope & Liberman，2003），这种心理表征具有层次性，而层次性的重要表现形式便是人们感知到的抽象化程度，抽象程度代表着个体的解释水平。解释水平的高低取决于人们所感知的与认知客体的心理距离，人们对认知客体的判断与决策，受到解释水平程度的影响（Liberman，Sagristano & Trope，2002；Nussbaum，Trope & Liberman，2003）。在评价、判断和制定决策时，个体更加关切与其解释水平相匹配的信息、经验和事物（Trope & Liberman，2000）。因此，企业在向社会大众宣传其社会责任信息时，需要对不同解释水平倾向的个体给予不同抽象性的信息，也可以通过情绪启动的方式，启动营销受众的解释水平，再呈现相应的社会责任信息。

在本书使用的理论中，挫折—攻击理论是整个研究的理论背景，用于提出研究框架；社会分层理论解释了研究框架中社会大众的挫折感和攻击行为是如何产生的问题；财富正当性观点指出了如何通过提高财富的正当性，降低由于挫折感带来的攻击行为；在组织管理情景，社会公众对企业的组织合法性的认知有助于提升组织财富正当性的判断，进而降低由于挫折带来的攻击行为；此外，解释水平理论进一步对提高财富正当性的方式进行了精细化说明。下面将对前述的社会分层理论、财富正当性观点、组织合法性理论、解释水平理论以及研究假设与研究模型进行详细的论述。

3.2 假 设 提 出

3.2.1 财富抵触心理对社会公众态度评价的影响

"分层"是地质学用于研究地质结构的概念，是指在地质构造中，存在着不同的层次。在人类社会里，也存在着类似于地质构造的结构，人与人之间、人与群体之间、群体与群体之间，都可以分成不同的若干等级层次。因此，社会学家用地质学上的分层概念来形容人类社会的结构问题，并由此形成了社会分层理论这一受到广泛关注的社会学范畴。李强（2000）认为，社会分层是指人类社会中，建立在法律规范以及社会规范基础上，正式或非正式制度化的社会差异体系。在社会分层中的差异，是由于社会成员或群体对社会资源占有程度的差异造成的，其本质是关于社会成员或群体对资源占有的关系。社会分层的核心在于，以社会资源的占有为评判标准，为人与人、人与群体、群体与群体之间的关系建立起秩序（李强，2002）。从以上分析可以看出来，社会分层从根本上是关于社会资源在不同群体之间配置的结果，由于社会资源的稀缺性，一部分人掌握着社会资源，必然意味着另外一部分人在该资源上处于稀缺状态，这也就意味着社会分层的存在必然会带来社会不平等。例如，在财富资源上，拥有大量财富的群体，成为富裕阶层、有闲阶级，生活在社会底层的人群，成为穷人阶层、无闲阶级。由于对社会资源的占有程度不同，使得不同社会成员和群体处于不同的阶层，社会分层是人类社会结构最基本的特征之一（陈鹏，2011）。在传统的社会分层研究中，马克思提出的阶级理论和韦伯提出的阶层理论是两个最有解释力度、最受认可的社会分层理论范式。

马克思的阶级理论对社会分层研究具有重要影响。马克思指出，阶级结构是人类社会最基本的结构形式，阶级不平等是最主要的社会不平等。阶级关系作为一个历史范畴，它由生产方式决定。或者说，阶级关系是以生产资料（财产）关系为基础的。阶级的经济条件使处于该阶级的人们的生活方式、利益和教育程度区别于其他阶级的生活方式、利益和教育程度，并互相敌对，最终形成了社会冲突等问题。他还进一步指出，阶级不同于普遍的社会群体，它是具有明确的自我意识的特殊群体。在马克思的阶级理论中，每一个社会中都有一个占有主导地位的阶级，由于它拥有最主要的社会生产资料，因而在政治和观念及社会生活上都控制着其他阶级。例如，在封建主义社会中，占主导地位的就是封建统治阶级，受压迫被剥削的是农民阶级。他认为阶级统治是一切阶级社会的共性。阶级冲突是马克思阶级理论中最基本的特征，其根源是经济利益的冲突。总而言之，马克思所强调的社会资源主要就是指生产资料，人与生产资料占有之间的关系，即人获得稀有资源和权力的不同决定着他们所处的社会地位，这种不同的社会地位，构成了不同的阶级。

相对于马克思的阶级观点，韦伯提出了阶层的思想。韦伯有关社会分层的理论著述主要体现在《阶级、身份和政党》与《开放与封闭的关系》两篇论文中。前篇文章构成了韦伯主义理论直接的理论来源，而后一篇文章则为新韦伯主义理论家提供了理论基础。一般认为，韦伯开创了社会分层研究的多元分层观。韦伯主张从财富、权力和声望三项标准来进行社会分层，即财富标准、权力标准和声望标准。所谓财富标准，是指社会成员在市场中的机会，即个人能够占有商品或劳务的能力；所谓权力标准，即个人或群体对他人行动施行控制和影响的能力；所谓声望标准，指个人在其所处的社会环境中得到的声誉或尊敬，它取决于个人的身份、受教育水平、生活方式等。韦伯认为，这三项标准是相互联系的，有时甚至是相互重叠的，但它们又可以各自独立。韦伯主张用这三种标准综合起来进行分层。在韦伯的阶级理论中，财富的差异产生了阶级，权力的差异产生了政党，声望的差异产生了地位群体或阶层。韦伯认为，阶级是一群拥有着共同生活命运的人，这些共同的生活命运体现在他们所拥有的财产和收入等经济利益方面，还体现在商品和劳动市场条件方面。

马克思的阶级观点，以生产资料的占有作为划分不同阶级的根本标准，而韦伯的阶层观点，内容更为宽泛，可以以财富、权力、声望高低为划分阶层的标准。此外，以生产资料占有为标准划分的阶级，是基于社会冲突的视角进行的，阶级之间充满了阶级对立，而以财富、权力、声望高低为标准划分的阶层，不一定处于对立的状态，也可以呈现出相安无事、相得益彰的关系。事实上，阶层范畴可以看作是一种适度淡化了的阶级概念，在强调和谐共生的当今社会，阶层的概念更适合营造和谐的氛围。因此，在本书中，关于社会分层理论的使用，主要是借用了韦伯的阶层理论。

无论是马克思的阶级理论还是韦伯的阶层理论，都对我国当前财富抵触心理现象作出了理论上的解释（邵远红，2010）。笔者认为，当前我国财富抵触现象的激化和泛化，可以归根为富人阶层和社会大众阶层之间的冲突和对抗，而贫富两极分化的不断拉大是该现象的根源。正如前文提到的，改革开放四十年，在带动我国经济腾飞的同时，造就了当代中国的第一批富人。"让一部分人先富起来，然后形成共同富裕"的伟大号召，目前只完成了前半句，中国已经有一小部分人乘着改革开放的春风富裕起来了。然而，该号召的后半句，"形成共同富裕"还未实现。先富起来的那部分人，借助自己的先行者优势①，使贫富差距不断拉大，久而久之，生产资料和财富慢慢地转移到少部分富人手中，随着贫富差距的两极化，富人阶层和穷人阶层便慢

---

① 从经济学角度而言，先行者能先于竞争对手获得重要的生产资源，如原材料、地点、厂房设备等。在资源稀缺的情况下，获得这些资源就意味着获得了垄断优势。先行者对厂房、设备大规模的投资意味着坚定的市场进入决心，这会吓退其他竞争者的进入，也会阻止小企业的扩张。再者，最常见的先行者优势来自抢先进入某些技术领域，生产新的产品或采用新的过程，带来专利、专有的学习和经验曲线效果，这些都会使先行者成为技术领袖。

慢形成了。在马克思的阶级理论中，生产资料是不同阶级间冲突的根源，而在韦伯的社会分层理论中，财富是最重要的社会资源，也是层级间冲突的最主要来源。因此，在富人阶层和穷人阶层中，代表着生产资料的财富便成为两个阶层社会冲突的核心，财富抵触心理便是这种社会冲突的最典型体现。此外，由于我国目前的金字塔社会结构，缺乏中间阶层对富人阶层和穷人阶层的缓冲作用，相对于其他橄榄形社会结构的国家，当前我国的富人阶层和穷人阶层之间的社会冲突更为激烈，穷人对富人的财富抵触心理更为明显。再者，我国传统文化中对财富的鄙视和丑陋化，将财富抵触心理合理化了，进一步加重了目前我国社会大众的财富抵触心理。

总的来说，根据社会分层理论可以推断出，对于当前我国金字塔式的社会结构中，社会分为了富人阶层与穷人阶层，而代表着对生产资占有的财富成为两个阶层之间社会冲突的主要对象，穷人阶层对富人阶层财富的抵触是该冲突的主要表现形式。此外，由于历史文化、社会经济、社会结构、社会调节机制等原因，使得普通民众的财富抵触心理有着坚实的基础。从挫折—攻击理论出发，当普通民众接收到富人阶层的各种炫富行为以及企业的炫耀性营销时，在财富上巨大的差距以及对财富的不能拥有使得他们产生相对剥夺感①，进而产生了挫折感。当这种挫折感发生的时候，部分人的攻击行为被激发了。在财富抵触现象中，网民和大众传媒往往选择了外向攻击的直接攻击，对炫富者进行攻击，将炫富者与"为富不仁"等联系起来，对炫富者产生了极大的负面影响。由于财富抵触心理在我国有着多方面的根源，使得攻击激发条件较其他国家更充分，造成了财富抵触心理在我国的激化和泛化，使得财富抵触心理成为我国当前社会的重要问题，影响着人们的生活、企业的经营以及政府的管理。

结合挫折—攻击理论，本研究认为房地产、高星级酒店等存在的一些炫

---

① "相对剥夺"（Relative deprivation）最早由美国学者斯托弗提出，其后经默顿的发展，成为一种关于群体行为的理论。它是指当人们将自己的处境与某种标准或某种参照物相比较而发现自己处于劣势时所产生的受剥夺感，这种感觉会产生消极情绪，可以表现为愤怒、怨恨或不满。简单而言，相对剥夺是一种感觉，即是我们有权享有但并不拥有。例如，某人看见邻居家买了一辆新车，他认为自己也该拥有这辆车，但实际却并不拥有。

耀性广告，会使得消费大众产生一种相对剥夺感，进而产生挫折感。由于当前社会上的财富抵触情绪较为严重，炫耀性营销很容易激发消费大众对高星级酒店的攻击行为，具体表现在谩骂、谴责等语言攻击。这种消极的口碑宣传将会对酒店的品牌形象产生巨大的负面影响（Herr et al.，1991；van der Lans et al.，2009；Libai et al.，2010）。贾拉米约（Jaramillo，2003）也指出，炫耀性消费推动了社会分离，将社会分割成各种群体。王宁（2011）进一步指出，人们的消费行为是嵌入在制度框架中的，在某些制度框架中，炫耀性消费是允许的。而当炫耀消费行为超出了制度的框架，其应被限制。由于社会公众的消费行为受到具体的社会规范的约束，炫耀性消费者必须在社会习俗所预期的消费标准上限和下限进行有范围的消费。因此，社会公众会在意因违背社会习俗或习惯性消费行为而受到的非议或谴责，并力图避免这种负面社会评价。如果不顾忌负面社会评价而我行我素，那么，炫耀性消费者便会遭受到诸如羡慕、渴望、妒忌或怨恨等社会反应。因此，炫耀性消费固然能别人了解炫耀性消费者的经济实力和社会地位，但同时可能损害炫耀消费者自身所看重的形象，进而损害自己的社会地位。在本研究中，高星级的炫耀性营销激发了消费大众不能被满足的炫耀性心理，使得他们产生了挫折的情绪。挫折心态的产生，使得他们会对高星级酒店或高星级酒店的使用者进行攻击，在具体的社会公众态度上，表现为谴责、辱骂等行为，给高星级酒店贴上一些负面影响的标签。基于此，本研究提出第一个假设：

H1：财富抵触心理对社会公众态度评价有着负面的影响。

3.2.2 酒店社会责任对财富抵触心理负面影响的抑制作用

在韦伯的阶层理论中，财富、权力、声望是影响社会分层的三个因素。财富是形成社会分层，进而激发社会冲突的主要因素，也是引起社会公众财富抵触心理的最重要因素。经济学家克拉克（Lark，1959）认为，所谓财富，是指那些物质的、可以转让的、数量有限的人生幸福的源泉。韦伯从权力的视角对财富问题进行了深入分析。他认为如果经济关系是一种权力关系的话，正当性的问题也可以应用到产权的领域中去，经济领域的财富问题也存在正当性之说（唐海燕，2011）。

作为对"正当性"作出集中、系统阐述的第一人，韦伯在论述财富正当性问题时指出，人们对财富的正当性判断来自三个方面，而最主要的也是最关键的第一个判断标准，是关于财富来源正当性的认知问题。财富的来源，可以是通过自己的勤劳和努力获得，可以是通过他人的帮助获得，可以是通过运气获得，可以是通过继承获得，还可以是通过他人的捐赠获得。在以上的财富获取方式中，越是通过自己的劳动获取的财富，越能够受到他人的认同，越是不劳而获得到的财富，越是容易引起他人的诟病。"一分耕耘一分收获"的理论在人们心目中成了评估财富获取方式正当性的标准，社会大众能够接受比尔·盖茨、李嘉诚等人的富甲天下，却不能接受一些"富二代"。实质上，相比较而言，那些所谓的"富二代"，可支配的财富是有限的，但却引起社会大众的不满，究其原因，便是在财富的获取方式上。人们只认可勤劳致富，不能接受不劳而获。因此，关于财富正当性的第一个衡量标准是获取财富的方式，通过自身努力获取的财富，被人们认为是正当的，反之，会被认为是不正当的。

财富正当性的第二个判断标准是财富获取途径的正当性。财富可以是通过公平公正的方式获取的，也可以是通过巧取豪夺、坑蒙拐骗等方式获取的。对于企业而言，诚信经营，合法经营十分重要。如美国安然公司由于在提供相关信息服务时的不诚实问题、三鹿奶粉因为毒奶粉事件，最终使得曾经万众瞩目的两家在各自领域的龙头企业轰然倒下。在本研究中，探讨的范围不包括酒店财富获取途径的合法性问题。

财富正当性的第三个判断标准是财富支配方式的正当性，即财富使用的问题。人们往往对那些将财富用于满足个人不断膨胀的欲望的富人，持反对的态度，而对那些用于回馈社会，如热心慈善事业、促进全球文化交流等，持肯定的态度。目前中国财富抵触现象如此普遍，既有社会金字塔结构的客观原因，也有富人们自身的原因。一方面，中国每年都有新增的富豪登上《福布斯全球富豪排行榜》的榜单，并且比例逐年上升。另一方面，相比国外的富豪，国内富豪对慈善事业表现相对冷漠，据报道，在 2003 年"SARS"

事件中，中国慈善总会获得的慈善捐赠，有70%来自国外和港台地区，内地富豪的捐助不到15%。在2004年底，我国慈善机构获得的捐助总额约为50亿人民币，仅相当于当年GDP的0.05%，而同类数字在美国为2.17%（王亦君，2005）。中国富豪们在满足自己需求时一掷千金，在面对慈善事业时却表现冷漠，引起社会大众对他们财富支配方式的不满，激化了社会大众对富豪们的财富抵触心理。

激烈的市场竞争使得企业必须通过使用高效率的经营才能持续获取利润。对于中国的酒店行业，由于开放度比较高，行业具有较高的竞争强度，因此，酒店的财富在获取方式上被认为是正当的。此外，酒店只要合法纳税，合法经营，不坑蒙拐骗偷，在财富的获取途径方面也往往被认为是正当的。这样，对高星级酒店财富的正当性与否的判断，往往取决于对财富的支配方式上。酒店可以将财富用于扩大再生产，还可以用于提高管理层及员工的待遇，还可以用于回馈社会，履行酒店的企业社会责任，支持慈善事业，推行环境保护。根据财富正当性的观点，越是用于满足自身欲望的财富用途，社会大众越认为不正当，相反，用于回馈社会的财富，往往会获得社会大众的认可。在目前酒店社会责任报告中被提及最多的三个社会责任中，由于酒店员工也属于酒店的一部分，用于提高雇佣质量的财富也被认为是满足酒店员工对物质追求的欲望，对财富正当性判断并无帮助；与此相对应，用于慈善事业和保护环境的财富，被认为是回馈社会的亲社会表现，能够有效地提高酒店财富的正当性。

此外，根据组织合法性理论，在激烈的市场竞争中，企业的组织合法性（organizational legitimacy）非常重要，一旦企业被公众贴上"不合法"的标签，将会面临社会舆论批判与社会道德谴责的巨大压力（Mitchell，Agle & Wood，1997）。内哈塞尔（Neiheisel，1994）提出，企业通过履行社会责任，如投入慈善事业、为贫困地区捐赠、保护环境，可以获取高水平的组织合法性，进而提高社会大众对企业的积极情感。当企业停止承担社会责任时，会面临公众的组织"不合法"判断。若公众感知的旅游企业的慈善性责任项目为利己动机，他们会倾向于认为该企业的慈善性责任行为只是一个追求利润的营销措施，而企业停止慈善性责任是因为未能达到该项目的经济目标。此时，企业的组织合法性更容易受到质疑，更可能被公众贴上"不合法"的标签；反之，若公众感知的旅游企业的慈善性责任项目为利他动机，他们会倾向于认定该企业的慈善性责任行为是一项有社会责任感且关注并增进社会福祉的活动，该企业停止慈善性责任活动是某些不可抗拒的外部原因造成的（Ellen，Mohr & Webb，2000）。此时，企业获得更高的组织合法性，当慈善性责任活动停止后，可以有效避免被公众贴上"不合法"的标签。总的来说，利己主义动机的慈善性责任更容易受到公众的合法性质疑，当旅游企业停止慈善性责任时，进一步增强了社会责任的"不合法"性，放大停止慈善性责任的负面影响；而在利他主义动机归因下，公众倾向于将企业的慈善性责任实践归类为提高企业外部社会福利的行为，而不是为了企业一己私欲的行为，因此利他主义动机的慈善性责任更容易获得公众的合法性认同，当旅游企业停止该慈善性责任时，组织合法性起到了缓冲作用，减少停止慈善性责任的负面影响。目前在营销管理领域，关于企业社会责任的作用已经获得了基本的共识，学者们认同履行企业社会责任的确可以给企业带来正向的影响，如提高消费者对企业的认可（Brown & Dacin，1997；Sen & Bhattacharya，2001；Berens，Van Reil & Van Bruggen，2005）、增强品牌影响力（Houston & Johnson，2000；Luo & Bhattacharya，2006）、减少广告支出进而降低经营成本（McWilliams & Siegel，2001）、吸引人才及投资者的青睐等（Bhattacharya & Sen，2004；Maignan & Ferrel，2004；McWilliams，Siegel & Wright，2006）。但是，关于社会责任对社会公众财富抵触心理负面影响的抑制作用却尚未有足够的探讨，为了弥补这方面的空缺，根据现有的企业社会责任研究和财富正当性观点，本研究提出第二个假设：

H2：酒店社会责任信息对财富抵触心理引起的社会公众负面评价有着直接显著的抑制作用。

H2a：酒店慈善事业信息对财富抵触心理引起的社会公众负面评价有着直接显著的抑制作用。

H2b：酒店保护环境信息对财富抵触心理引起的社会公众负面评价有着直接显著的抑制作用。

H2c：酒店雇佣质量信息对财富抵触心理引起的社会公众负面评价的抑制作用不显著。

3.2.3　解释水平和信息抽象性的作用

解释水平理论（Construal Level Theory，CLT）是近十年才发展起来的社会心理学理论（Dhar & Kim，2007），并已经开始受到国内学者的重视（孙晓玲、张云和吴明证，2007；李雁晨、周庭锐和周琇，2009；柴俊武、赵广志和何伟；刘红艳等，2012）。作为一种社会认知理论，解释水平理论的核心思想是关于人们对被观察事件的心理表征。解释水平理论强调个人对环境的感知和理解是具有情境性和个体倾向的，人们对客观事物的反应取决于其对该事物的心理表征（李雁晨、周庭锐和周琇，2009；Trope & Liberman，2003），这种心理表征具有层次性，而层次性的重要表现形式便是人们感知到的抽象化程度，抽象程度代表着个体的解释水平。解释水平的高低取决于人们所感知的与认知客体的心理距离，人们对认知客体的判断与决策，受到解释水平程度的影响（Liberman，Sagristano & Trope，2002；Nussbaum，Trope & Liberman，2003）。具体而言，解释水平理论将人的心理表征系统简化为高水平解释和低水平解释。高水平解释是抽象的、简单的、去背景化的、图示化程度较高的，反映了事物的核心特征；而低水平解释是具体的、复杂的、背景化的、图示化程度较低的，反映了事物的表面特征（Freitas，Salovey & Liberman，2001；Liberman & Trope，1998；Nussbaum，Trope & Liberman，2003；Trope & Liberman，2003）。在评价、判断和制定决策时，个体更加关切与其解释水平相匹配的信息、经验和事物（Trope & Liberman，2000）。因此，高水平解释的个体更易被具有抽象和一般性特征的刺激所影响；而低水平解释的个体更易被具有具体和细节性特征的刺激所影响（Hilton & Von Hippel，1996）。

解释水平理论发源于时间解释理论，利伯曼和特洛普（Liberman & Trope，1998）认为，人们决策与判断的时间效应背后存在着一般的机制，即人们对未来的预测取决于对未来环境的心理表征，他们将时间距离和解释水平的关系称为时间解释理论。随着关于解释水平现象和理论的深入研究，学者们发现除了时间距离之外，社会距离、空间距离、假设性或真实性等因素，对事件的解释都呈现出与时间距离类似的规律（Fujita et al.，2006；Bar-Anan，Liberman & Trope，2006；Trope，Liberman & Wakslak，2007）。空间距离对人们理解和解释客体的影响机制具有与时间距离相类似的特征。研究结果表明，较远的空间距离事物容易激发个体的抽象性思维，表现为高水平解释；与此相对应，较近的空间距离事物容易激发个体的具体性思维，表现为低解释水平。亨德森等（Henderson et al.，2006）的研究进一步发现，不仅仅是事物的远近程度，人们行为在空间上的远近程度也对该行为的解释和理解有着显著的影响。当某一行为发生在遥远的空间时，人们更倾向于将行为归因为一种不依赖于情景存在的稳定特质，将会启用抽象的表征方式；与此相反，当某一行为发生在较近的空间时，人们更倾向于将行为归因为一种依赖于情景存在的行为，将会启用具体的表征方式。此外，事物的静态或动态也会影响到人们对该事物的表征方式。静态事物意味着特殊事件有着更高的发生概率，动态事件更容易让人们认为普遍事件的发生概率更高。也就是说，静态事物启动了人们具体的、复杂的表征方式，动态事物启动了人们抽象的、简单的表征方式。社会距离也是心理距离的另一个重要的表现形式之一（Bar-Anan，Liberman & Trope，2006；Liberman，Trope & Stephan，2006；Trope，Liberman & Wakslak，2007）。与时间距离和空间距离相似，较远的社会距离，让人们使用简单的、抽象的、去背景化的、图示化程度较高的表征方式去理解客观事物；较近的社会距离，让人们使用具体的、复杂的、背景化的、图示化程度较低的表征方式去认知客观事物。社会距离具有与其他心理距离相似的影响。瓦克斯洛克等（Wakslak et al.，2006）根据解释水平理论把概率定义为心理距离，并认为概率也是心理距离的维度之一，有与其他心理距离相同的影响机制。他们的实证结果显示，降低事件的概率使人们更多用抽象的、简单的、一般的、核心的特征来表征事件，更少用外围的、具体的、特殊的特征来表征事件。当事件的概率较低时，人们更倾向于用更抽象的方式对事物进行划分，更偏好一般性的行为描述，在抽象加工视觉信息时更为成功；与此相反，当事件的概率较高时，人们更倾向于用更具体的方式对事物进行划分，更偏好特殊性的行为描述，在具体加工视觉信息时更为成功。越来越多的证据表明，时间距离、空间距离、社会距离、假设性都从属于一个更为抽象的心理距离的范畴，它们都共有一个原点，即个体的直接经验（Bar - Anan et al. , 2006；Liberman et al. , 2006；Trope et al. , 2007）。利伯曼等建议把时间距离、社会距离以及其他可能的距离类型（空间、相似度）纳入一个统一的心理距离的框架中，不同的距离类型是解释水平的具体距离维度。在后续的研究中，大多数研究成果都支持用时间距离、社会距离、空间距离、假设性等距离作为心理距离的不同维度，时间解释理论也逐渐一般化为统一的解释水平理论（Trope & Liberman，2003；Bar - Anan，Liberman & Trope，2006；Trope，Liberman & Wakslak，2007）。此外，瓦拉赫尔和韦格纳（Vallacher & Wegner，1987）认为，行动识别理论（Action Identification Theory）也是一种心理表征理论，是对行动的方式—结果进行阐释的理论。行动识别理论认为具有不同特征的个体具有不同的行动识别水平（Vallacher & Wegner，1987）。行动识别理论的相关研究检验了行动识别水平与解释水平的关系，低识别水平的个体，往往更聚焦于行动的具体方式，关注行动是如何被执行的，采用具体的、复杂的、下位的方式进行表征；相反，高识别水平的个体，往往更聚焦于行动的目的，关注行动的实施将会带来什么结果，采用抽象的、简单的、上位的方式进行表征。瓦拉赫尔和韦格纳（1987）开发了一份行动识别量表来测量个体的识别水平。对比解释水平理论和行动识别理论，两者有着一致的核心思想，都是关于个体对客观事物表征方式的解释（Liberman & Trope，1998；孙晓玲、张云和吴明证，2007）。解释水平理论是基于个体所处的情境因素出发的，个体在面临不同的情景时，会产生不同的解释水平，如面对长时间、远距离、疏远关系、低概率的事物时，会激发个体的高解释水平，使用抽象的、简单的方式进行表征；而面对短时间、近距离、亲关系以及高概率的事物时，会激发个体的低解释水平，使用具体的、复杂的方式进行表征。因此，个体的解释水平受到情境因素和个体因素的双重影响，情境因素主要受事物的时间距离、空间距离、社会距离、概率的影响，个体因素主要是个体的行动识别水平倾向（Kim & John，2008）。基于情境的心理距离是决定个体解释水平高低的环境因素，作为一种本质属性或是习惯的个体行动识别倾向是影响个体解释水平的个人因素，两者共同决定着个体的解释水平（Freitas，Salovey & Liberman，2001；Kim & John，2008；Vallacher & Wegner，1987）。

根据解释水平理论，个体会根据所处环境对外界刺激做出不同的解释，并形成一个连续体，在理论上可以简化为高水平解释和低水平解释（Trope & Liberman，2003）。人们在评价、判断和制定决策时，更加关切与其解释水平相匹配的信息、经验和事物（Nussbaum，Trope & Liberman，2003；Trope & Liberman，2000）。因此，企业在营销传播时，要针对处于不同解释水平的社会公众制订不同的营销方案。如刘红艳等（2012）的研究表明，赠品促销方式在近期购物场景下的促销效果比在远期购物场景下的促销效果更好；价格促销方式在远期购物场景下的促销效果比在近期购物场景下的促销效果更好。本研究将解释水平视为重要的调节变量，探究它与酒店社会责任信息呈现方式的交互作用。根据解释水平理论，针对具有高水平解释倾向的社会公众，酒店应该提供抽象的社会责任信息；而对于具有低水平解释倾向的社会公众，酒店应该提供具体的社会责任信息。基于此，本研究提出第三个假设。

H3：在不同的解释水平下，不同的社会责任信息呈现方式效果不同。

H3a：在高解释水平下，抽象的信息呈现方式比具体的信息呈现方式更能抑制财富抵触心理的负面效应。

H3b：在低解释水平下，具体的信息呈现方式比抽象的信息呈现方式更能抑制财富抵触心理的负面效应。

根据挫折—攻击理论、社会分层理论、财富正当性观点、组织合法性理论以及解释水平理论，结合对已有文献的系统回顾，本研究提出研究框架如图3.2所示。

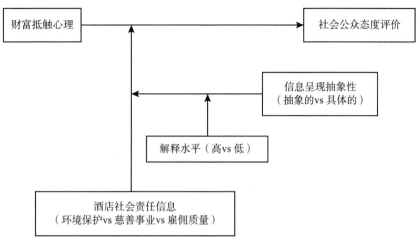

图 3.2　研究框架

第 4 章

实验 1：财富抵触心理的负面效应

本研究的目的在于探讨财富抵触心理对社会公众态度评价的影响，即检验 H1。

4.1 实 验 设 计

本实验采用单因素两水平的实验设计，操控因素为财富抵触心理（高财富抵触心理 vs 低财富抵触心理）。因变量为社会公众态度评价。为了保证研究的内部效度，我们采用具有较高样本同质性的大学生作为被调查对象。大学生作为被试已被广泛运用于社会公众态度评价实验研究中，如在营销领域，曼特尔和卡德斯（Mantel & Kardes, 1999）以学生为被试，检验在消费者偏好形成过程中，对基于态度过程与基于属性过程的作用进行了对比分析；森和巴塔查里亚（Sen & Bhattacharya, 2001）以学生为被试，检验了消费者对企业社会责任实践的响应；温特里希和巴隆（Winterich & Barone, 2011）以学生为被试，检验了在产品促销的过程中身份认同对消费者决策的影响作用；迪尔和波伊纳（Diehl & Poynor, 2010）以学生为被试，检验了产品可选种类对消费者期望、满意度的影响。随着对其他学科的包容与发展，旅游学科的主流核心期刊也采用了以在校大学生为样本的情景实验法。

如在旅游管理（Tourism Management）中，王等（Wang et al.，2002）对出境游中旅行团导游的重要作用进行了研究，他们在台湾某高校招募了 844 名学生被试进行相关研究；金等（Jin et al.，2012）使用中国工商管理硕士（MBA）学生样本对旅行团的服务定制化进行了消费者实验室研究；塔西等（Tasci et al.，2007）使用美国大学生样本对目的地品牌测量的偏见问题进行了研究。在国际酒店管理（International Journal of Hospitality Management）中，马尼尼（Magnini，2010）以美国在校大学生为实验对象，分析了集体主义倾向在餐馆选择中起的作用；古查特和哈密尔顿（Guchait & Hamilton，2013）使用美国在校大学生作为实验对象，分析共享心智模型的时间优先因素在团队学习行为中的作用；莫罗森和郑（Morosan & Jeong，2008）以美国在校大学生为实验对象，使用情景实验法检验了两种不同类型的酒店预订网站的使用者感知情况；李和张（Lee & Jang，2013）以美国在校大学生为实验对象，探索消费者对不公平不透明的定价策略的抵制行为；金和马蒂拉（Kim & Mattila，2010）以美国在校大学生为实验对象，探讨了消费者情绪状况与惊喜线索对满意度的影响。在我国旅游类顶级期刊《旅游学刊》中，张梦等（2012）也以在校大学生为实验被试，对酒店网络评论内容特征与消费者购买意愿之间的关系进行了研究。大量的研究表明，在情景研究中，以学生为实验对象的研究与以目标顾客为实验对象的研究并没有显著差异。科布格尔（Kuhberger，1998）基于 136 篇研究的元分析结果表明，在目前的情景研究中，研究的实验对象均为在校学生，以学生为被试对象的实验结果与以非学生的研究结果基本一致，并没有显著差异。尼尔森等（Nelson et al.，1997）的研究结果也有相同的结论，论证了学生样本在情景实验中的可靠性与可推广性。

此外，由于在校大学生是目前在网络社交中最为活跃的一个群体，他们的口碑传播对媒体舆论产生着巨大的影响，他们也是推动当前网络文化最重要的一个群体，因此，本研究继承了营销管理研究以及旅游管理相关研究的传统，采用同质性的大学生作为被实验对象。本研究结果具有代表性，可推广到其他群体。

本实验模型如图4.1所示。实验中的被试被随机分配到两个组，因变量是酒店态度评价（7点量表，分值越大表示评价越高）。态度评价的测项是：很好/很不好、很喜欢/很不喜欢、消极的/积极的（Wanger，Lutz & Weitz，2009）。

图 4.1　实验 1 模型

4.2　刺激材料与实验流程

4.2.1　刺激材料

本书选取了国内两家高星级酒店的真实材料作为实验对象。为了避免实验对象对真实酒店的刻板印象造成的误差，使用 A 酒店和 B 酒店代替原酒店名称。选取这两个酒店主要有两点原因：第一，两者均为国内的高星级酒店，具有相似的房价。以 2013 年 3 月 15 日官方网站信息为准，B 酒店的标准间每晚价格为 798 元人民币，A 酒店的标准间每晚价格为 758 元人民币。第二，A 酒店装修十分豪华，甚至是奢侈。酒店对自身的奢华装修也较为认同，并积极推动传媒对此进行报道。事实上，媒体的报道发挥了作用，A 酒店的奢华装修被广大社会公众所了解，较容易刺激社会公众对其的财富抵触心理。相比而言，B 酒店装修典雅，民族特色、园林风格，低调含蓄，社会公众对其的财富抵触心理较低。

本书通过前测检验实验材料的有效性。我们让 25 名在校大学生被试对两个酒店进行比较，被试在了解了关于两家酒店的装修风格后，对三个问题进行评价，包括"您觉得哪家酒店更炫富？""您更认同哪家酒店的做法？""您觉得哪家酒店的做法更容易引起财富抵触心理？"同时，为了防止被试猜测到我们的实验意图，笔者还让被试阅读八国联军侵华和第二次世界大战等无关材料，然后再对酒店态度进行评价。结果显示，在 25 名在校大学生中，全部被试都认为 A 酒店更炫富，23 名被试更认同 B 酒店的做法，24 名被试认为 A 酒店的做法更容易引起财富抵触心理。这初步表明了相对于 B 酒店而言，A 酒店更容易引起社会公众的财富抵触心理。

为了更好地激发被试的财富抵触心理，本研究采用了情绪启动的方式，先让被试阅读一段关于目前社会上最受到关注的炫富或奢华事件的新闻，这些新闻都是笔者根据真实事件进行简化的。在个人层面选用了"郭美美微博炫富"以及"炫富弟事件"，在企业层面，选用了"中石化千万吊灯事件"以及"中国平安千万年薪事件"，具体内容见本书附录。

4.2.2　实验流程

本研究的具体流程如图 4.2 所示。首先，被试将会阅读一段填写说明。在这份说明中，被试被告知，研究者对社会公众对酒店的认识和评价感兴趣，被试接下来将要根据材料中的情景如实提出意见，回答没有正确与错误之分，调查是匿名的，被试所提供的信息仅用于学术研究之用。其次，要求被试先阅读一段关于社会上炫富或奢华行为的新闻，让他们回答"阅读完以上材料，您的感觉是什么？"。再次，两个实验组的被试将会分别阅读 A 酒店和 B 酒店的简介和装修设计风格。在阅读完酒店的信息之后，被试需对酒店的形象进行评估，分别是"五星级酒店就应该像 A（B）那样装潢奢华""A（B）的行为是炫富行为"（均采用 7 点量表，分值越大表示越同意该陈述）。最后，被试将要对酒店的态度评价进行评估。

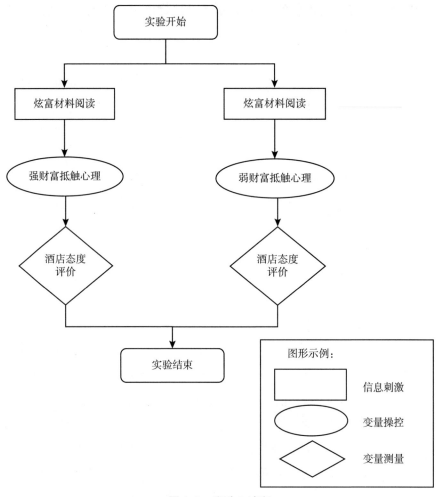

图 4.2　实验 1 流程

4.3　操　控　检　验

为了检验对财富抵触心理的操控，邀请三位独立的研究人员（不了解研究目的但对社会公众行为研究有较多认识）对两个实验组进行评价，结果发现，A 酒店能较好地激发被试的财富抵触心理，B 酒店基本不会激发被试的财富抵触心理。笔者分别对两个财富抵触心理测项进行了方差分析，结果显示被试对 A 酒店的财富抵触心理得分显著高于 B 酒店（$M_{high} = 3.76 vs M_{low} = 2.60$，$F(1,57) = 2.580$，$p = 0.011$）。因此，本实验对财富抵触心理的操控检验是成功的。

4.4　统 计 分 析

共有 59 名实验参与者参与正式实验，全部为在校大学生，其中男性 32 名，女性 27 名，平均年龄 22.69 岁。59 份有效问卷中，高财富抵触心理组有 29 名实验参与者，低财富抵触心理组有 30 名实验参与者。

采用财富抵触心理（高财富抵触心理 vs 低财富抵触心理）单因素方差分析，结果发现财富抵触心理在酒店态度评价改变上的主效应显著（$F(1,56) = 0.055$，$p < 0.000$），相对于高财富抵触心理组（$M = 3.25$），低财富抵触心理组（$M = 4.84$）的酒店态度评价较高，即负面的评价影响程度较大（如图 4.3 所示），H1 得到了验证。具体均值如表 4.1 所示。

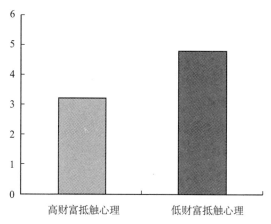

图 4.3　实验 1：酒店态度评价比较

表4.1   实验1：财富抵触心理对酒店评价的影响

因变量	高财富抵触心理（N = 29）	低财富抵触心理（N = 30）	均值差
酒店态度评价	3.25（1.28）	4.84（1.28）	1.59***

注：括号内数字为标准差；*** 表示 p < 0.01。

4.5　实验 1 小结

　　总的来说，实验1得到了一些有价值的新发现。首先，高星级酒店的炫耀性营销会引致社会公众的财富抵触心理。研究结果发现，被试对 A 酒店的财富抵触心理远高于对 B 酒店。A 酒店奢华的装修，激发了社会公众的财富抵触心理。其次，财富抵触心理会对社会公众态度评价有消极的影响。研究结果表明，相对于高财富抵触心理组，低财富抵触心理组对酒店的态度评价更高。也就是说财富抵触心理对社会公众的态度评价起到了负向的作用。研究假设1得到了支持。

第 5 章

实验 2：酒店社会责任的抑制作用

5.1 实验设计

实验 1 检验了财富抵触心理对社会公众态度评价的负面效应。在实验 1 的基础上，实验 2 将会检验酒店社会责任信息对财富抵触心理负面效应的抑制作用，即检验 H2。本实验针对实验 1 中的高财富抵触心理组，采用单因素三水平的实验设计，包括三个操控组和一个控制组（酒店社会责任：慈善事业信息 vs 保护环境信息 vs 雇佣质量信息 vs 控制组）。因变量为社会公众态度评价。实验中的被试被随机分配到 4 个组，分别是慈善事业信息组、保护环境信息组、雇佣质量信息组以及控制组。因变量是酒店态度评价（7 点量表，分值越大表示评价越高）。态度评价的测项是：很好/很不好、很喜欢/很不喜欢、消极的/积极的（Wanger，Lutz & Weitz，2009）。模型如图 5.1 所示。

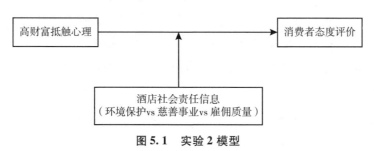

图 5.1 实验 2 模型

5.2　刺激材料与实验流程

　　实验 2 是对实验 1 中高财富抵触心理的进一步研究，因此继续选用了实验 1 中的 A 酒店作为研究对象。

　　本研究的具体流程如图 5.2 所示。首先，被试将会阅读一段填写说明。在这份说明中，被试被告知，研究者对社会公众对酒店的认识和评价感兴趣，被试接下来将要根据材料中的情景如实提供意见，回答没有正确与错误之分，调查是匿名的，被试所提供的信息仅用于学术研究之用。然后，要求被试先阅读一段关于社会上炫富或奢华行为的新闻，让他们回答"阅读完以上材料，您的感觉是什么？"。接着，让被试阅读 A 酒店的简介和装修设计风格。在阅读完酒店的信息之后，被试需对酒店的形象进行评估，分别是"五星级酒店就应该像 A 酒店那样装潢奢华""A 酒店的行为是炫富行为吗"（均采用 7 点量表，分值越大表示越同意该陈述）。然后，被试会被随机分配到 4 个小组（其中，3 个实验组，1 个控制组）。3 个实验组分别阅读关于 A 酒店在企业社会责任方面的信息：关于 A 酒店对企业社会责任的总体态度，"A 酒店倡导'取之于民，用之于民'的企业文化，认为酒店的财富来自社会，所以应积极履行企业社会责任，回馈社会"；慈善责任信息为"A 酒店将支持慈善事业视为自己履行企业社会责任的重要实践。它积极参加到各种慈善事业当中，包括对贫困地区的慈善扶贫，发展贫困地区的教育事业和文化事业。此外，A 酒店还致力于慈善救灾事业，积极参与灾区的重建，为灾区人民贡献了一份宝贵的力量"；保护环境信息为"A 酒店将保护环境视为自己履行企业社会责任的重要实践，倡导绿色低碳住宿，最小化对环境的影响。酒店努力降低二氧化碳等污染气体的排放，选用节电、节水设备设施，降低能耗，使用可循环的绿色能源，减少一次性用品的使用，积极推行各种保护环境的措施"；雇佣质量信息为"A 酒店将提高对员工的雇佣质量视为自己履行企业社会责任的重要实践。它根据员工的贡献，支付给他们公平合理的薪酬待遇以及各种员工福利，并且为他们提供了学习酒店最新管理知识、提高个人综合能力的培训机会，此外还有很多酒店内部晋升机会"，控制组不阅读任何关于社会责任的信息。为了保证信息的真实性，实验中所有关于酒店社会责任的描述都是从相关的酒店社会责任报告中摘取的。最后，被试根据以上信息对酒店的态度评价进行评估。

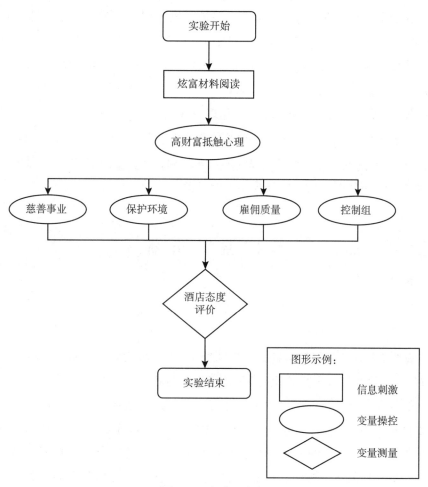

图 5.2　实验 2 流程

5.3 操 控 检 验

为了检验对酒店社会责任信息的操控，在阅读酒店社会责任信息后，被试需要分别对酒店在"慈善事业""保护环境"以及"雇佣质量"方面的表现进行打分。笔者分别对 3 个社会责任信息进行了分析，结果显示，雇佣质量组的被试对雇佣质量信息的评分显著高于其他两方面的表现（$M_{雇佣质量}$ = 4.67，$M_{慈善事业}$ = 2.58，$M_{保护环境}$ = 2.67）；保护环境组的被试对保护环境信息的评分显著高于其他两方面的表现（$M_{保护环境}$ = 4.60，$M_{慈善事业}$ = 3.31，$M_{雇佣质量}$ = 3.63）；慈善事业组的被试对慈善事业信息的评分显著高于其他两方面的表现（$M_{慈善事业}$ = 4.55，$M_{保护环境}$ = 3.48，$M_{雇佣质量}$ = 3.74）。因此，本实验对酒店社会责任信息的操控检验是成功的。

5.4 统 计 分 析

共有 114 名实验参与者参与正式实验，全部为在校大学生，其中男性 35 名，女性 77 名，性别缺失 2 名，平均年龄 23.74 岁。114 份有效问卷中，慈善事业组有 31 名实验参与者，保护环境组有 30 名实验参与者，雇佣质量组有 24 名实验参与者，控制组有 29 名实验参与者。

单因素方差分析的结果发现，慈善事业信息在酒店态度评价改变上的调节效应显著（$F(1, 55) = 1.619$，$p < 0.05$），相对于控制组（M = 3.18），慈善事业组（M = 3.93）的酒店态度评价较高，即慈善事业信息能有效降低财富抵触心理的负面效应，H2a 得到了验证；保护环境信息在酒店态度评价改变上的调节效应显著（$F(1, 55) = 6.182$，$p < 0.05$），相对于控制组（M = 3.18），保护环境组（M = 3.84）的酒店态度评价较高，即环境保护信息能有效降低财富抵触心理的负面效应，H2b 得到了验证；雇佣质量信息在酒店态度评价改变上的调节效应不显著（$F(1, 47) = 0.207$，$p = 0.921$），相对

于控制组（M = 3.18），雇佣质量组（M = 3.21）的酒店态度评价差别不大，即雇佣质量信息不能有效降低财富抵触心理的负面效应，H2c 得到了验证。实验结果如图 5.3 所示，具体均值如表 5.1 所示。

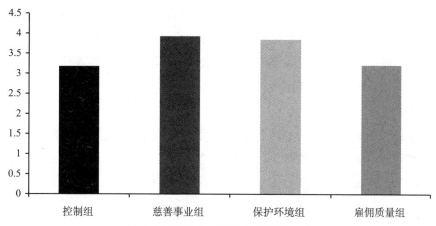

图 5.3　实验 2：酒店态度评价比较

表 5.1　　　　　实验 2：社会责任信息对酒店评价的影响

因变量	慈善事业	保护环境	雇佣质量	控制组
酒店态度评价	3.93	3.84	3.21	3.18
与实验组均值差	0.75 **	0.66 **	0.03	—

注：** 表示 p < 0.05。

5.5　实验 2 小结

实验 2 通过检验酒店社会责任信息，对比分析了酒店三个最主要的社会责任实践——慈善事业、保护环境、雇佣质量对财富抵触心理负面效应的抑制作用，得到了一些十分有价值的新发现。首先，总体来说，酒店的社会责任信息能够有效地抑制由于财富抵触心理带来的酒店负面态度，表明社会责任能够在一定程度上抵御高星级酒店炫耀性营销带来的财富抵触心理负面效应。其次，实验 2 选取了目前酒店三个最主要的社会责任实践，对比了它们在抵御财富抵触心理上的作用。研究结果表明，由于慈善事业信息和保护环境信息是一些提高高星级酒店财富正当性的信息，因此能有效降低财富抵触心理带来的负面影响，起到提高社会公众态度评价的作用，其中，慈善事业的作用更大。但是，雇佣质量方面的社会责任信息并不能提高财富的正当性，因此不能起到抵御财富抵触心理负面效应的作用。研究结果很好地支持了本研究基于财富正当性观点提出的假设 2，即酒店慈善事业信息对财富抵触心理引起的社会公众负面评价有着直接显著的抑制作用；酒店保护环境信息对财富抵触心理引起的社会公众负面评价有着直接显著的抑制作用；酒店雇佣质量信息对财富抵触心理引起的社会公众负面评价的抑制作用不显著。结果表明慈善事业信息和保护环境信息通过增强酒店财富的正当性，有效地降低了社会公众财富抵触心理带来的负面态度评价，酒店社会责任实践中的慈善事业和保护环境可以有效地抑制高星级酒店炫耀性营销造成的财富抵触心理负面效应。

第 6 章

实验 3：解释水平和信息
抽象性的影响

6.1 实 验 设 计

实验 2 检验了酒店社会责任对财富抵触心理负面效应的抑制作用，并得出了只有慈善事业信息和保护环境信息才能有效地抑制这种负面效应，酒店关于雇佣质量的信息并没有抑制效果的结论。在实验 1 和实验 2 的基础上，实验 3 将检验社会公众解释水平与信息呈现方式对社会责任抑制效果的调节作用，即检验 H3。本实验针对实验 1 中的高财富抵触心理组，采用三因素组间实验设计，即 2（酒店社会责任信息：慈善事业信息 vs 保护环境信息）×2（解释水平：高解释水平 vs 低解释水平）×2（信息呈现的抽象性：抽象的 vs 具体的）。因变量为社会公众态度评价。实验中的被试被随机分配到 4 个组，分别是抽象的慈善事业信息组、具体的慈善事业信息组、抽象的保护环境信息组以及具体的保护环境信息组。因变量是酒店态度评价（7 点量表，分值越大表示评价越高）。态度评价的测项是：很好/很不好、很喜欢/很不喜欢、消极的/积极的（Wanger，Lutz & Weitz，2009）。模型如图 6.1 所示。

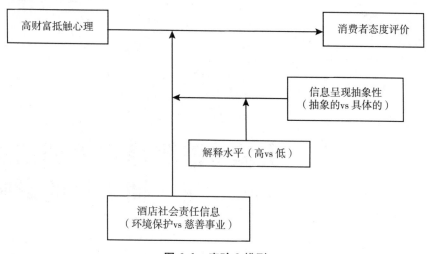

图 6.1　实验 3 模型

6.2　刺激材料与实验流程

　　实验 3 是对实验 1 中高财富抵触心理以及实验 2 中的酒店社会责任信息的进一步研究，因此继续选用了实验 1 中 A 酒店作为研究对象以及采用了实验 2 中一些基本的描述。但由于 A 酒店在某些社会责任方面并没有真实的实践，因此，为了避免被试对实验材料的质疑，选用虚构的"A 酒店"代替了真实的"A 酒店"。

　　本研究的具体流程如图 6.2 所示。首先，被试将会阅读一段填写说明。在这份说明中，被试被告知，研究者对社会公众对酒店的认识和评价感兴趣，被试接下来将要根据材料中的情景如实提出意见，回答没有正确与错误之分，调查是匿名的，被试所提供的信息仅用于学术研究之用。然后，要求被试先阅读一段关于社会上炫富或奢华行为的新闻，让他们回答"阅读完以上材料，您的感觉是什么？"。接着，让被试阅读 A 酒店的简介和装修设计风格。在阅读完酒店的信息之后，被试需对酒店的形象进行评估，分别是"A 酒店的行为是炫富行为""A 酒店的行为让我产生财富抵触心理"（均采用 7 点量表，分值越大表示越同意该陈述）。然后，被试会被随机分配到 4

个小组。分别阅读关于 A 酒店在慈善事业及环境保护社会责任方面的信息，先是关于 A 酒店对企业社会责任的总体态度，"A 酒店倡导'取之于民，用之于民'的企业文化，认为酒店的财富来自社会，所以应积极履行企业社会责任，回馈社会。A 酒店将支持慈善事业（保护环境）视为自己履行企业社会责任的重要实践"。接着，是不同信息呈现方式呈现下的社会责任信息，抽象的慈善责任信息为"它不仅投身于慈善事业，而且将慈善事业的实施作为酒店的经营目标之一。酒店多次向公众表达自己积极从事慈善事业的决心，还强调将慈善事业作为酒店的使命之一，是酒店经营决策时优先考虑的问题之一"，具体的慈善事业信息为"它积极参加到各种慈善事业当中，包括对云南省某县贫困地区的慈善扶贫，发展该地区的教育事业和文化事业。此外，A 酒店还致力于慈善救灾事业，在某地发生大型泥石流后，A 酒店积极参与灾区的重建，给灾区人民提供了大量的食品物资"；抽象的保护环境信息为"A 酒店多次公开表明自己献身于保护环境的决心，并将保护环境的实施作为酒店的经营目标之一。酒店还强调了保护环境作为酒店的使命之一，是酒店进行经营决策时一个优先考虑的问题"，具体的保护环境信息为"倡导绿色低碳住宿，最小化对环境的影响。酒店努力降低二氧化碳等污染气体的排放，选用节电、节水设备设施，降低能耗，使用可循环的绿色能源，减少一次性用品的使用，积极推行各种保护环境的措施"。接着，被试需要对以上呈现的社会责任信息的抽象程度进行评价（7 点量表，分值越高代表越抽象）。再次，利用瓦拉赫尔和韦格纳（1987）的行为识别量表来测量被试的解释水平。在这份量表中，共有 25 种目标行为，每种行为都伴随着两种解释，被试被要求选择一种在他看来最为贴切的解释。例如，"上课"有两种解释：一是描述行为是如何执行的（例如：坐在教室里）；另一种解释是描述行为的动因（例如：吸收知识）。实质上，所有行为的解释，一种是原型性的解释，相对抽象；另外一种是范例性的解释，相对具体。在行为识别量表中，笔者将 7 个不适合中国国情，中国人难以理解的行为删除了，最后保留了 18 个行为对被试的行为识别进行测量。将被试对 18 种行为解释中选择原型性解释的题项数量进行加总，其数值作为被试解释水平的得分。参照金和约翰（2008）的做法，均值切分法被用来划分被试的解释水平。具体而言，被试的解释水平得分大于等于 14 分的被划分为高水平解释组；被试的解释水平得分小于 14 分的被划分为低水平解释组。最后，被试根据以上信息对酒店的态度评价进行评估。

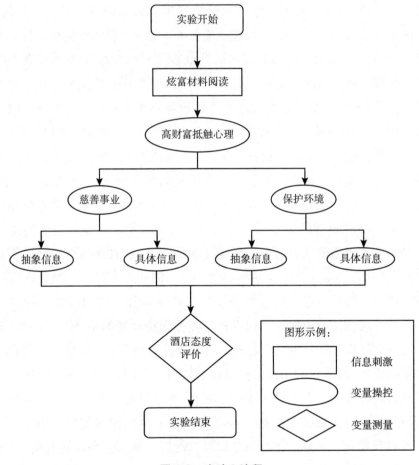

图 6.2　实验 3 流程

6.3　操 控 检 验

为了检验对酒店社会责任信息呈现方式抽象性的操控，在阅读酒店社会责任信息后，被试需要分别对酒店在"慈善事业""保护环境"信息的抽象程度进行打分。笔者分别对慈善事业信息组和保护环境信息组进行了分析，结果显示，在慈善事业信息类别中，抽象信息组的被试对信息抽象度的评分显著高于具体信息组（$M_{抽象的} = 5.55$，$M_{具体的} = 4.66$，$F(1, 49) = 4.071$，$p = 0.05$）；在慈善事业信息类别中，抽象信息组的被试对信息抽象度的评分显著高于具体信息组（$M_{抽象的} = 5.48$，$M_{具体的} = 4.73$，$F(1, 51) = 0.062$，$p < 0.05$）。因此，本实验对酒店社会责任信息呈现的抽象程度检验是成功的。

6.4 统 计 分 析

共有 105 名实验参与者参与正式实验，全部为在校大学生，其中男性 67 名，女性 38 名，平均年龄 23 岁。105 份有效问卷中，抽象的慈善事业信息组有 22 名实验参与者，具体的慈善事业信息组有 30 名实验参与者，抽象的保护环境信息组有 23 名实验参与者，具体的保护环境信息组有 30 名实验参与者。

采用 2（慈善事业信息 vs 保护环境信息）×2（高解释水平 vs 低解释水平）×2（抽象的信息 vs 具体的信息）三因素方差分析，结果发现，在高解释水平下，抽象的慈善事业信息比具体的慈善事业信息更能抑制财富抵触心理的负面效应（$F(1, 20) = 0.007$，$p < 0.05$），相对于具体的慈善事业信息组（$M = 3.33$），抽象的慈善事业组（$M = 4.28$）的酒店态度评价较高，抽象的慈善事业信息比具体的慈善事业信息更能抑制财富抵触心理的负面效应，H3a 在慈善事业方面得到了验证；此外，在高解释水平下，抽象的保护环境信息比具体的保护环境信息更能抑制财富抵触心理的负面效应（$F(1, 21) = 5.122$，$p < 0.1$），相对于具体的保护环境信息组（$M = 3.45$），抽象的保护环境组（$M = 4.08$）的酒店态度评价较高，抽象的保护环境信息比具体的慈善事业信息更能抑制财富抵触心理的负面效应，H3a 在保护环境方面也得到

了验证。因此，在高解释水平下，抽象的信息呈现方式比具体的信息呈现方式更能抑制财富抵触心理的负面效应，研究假设 H3a 在慈善事业和保护环境方面都得到了支持。

　　然而，意想不到的是，在低解释水平下，以抽象方式呈现和以具体方式呈现的社会责任信息的差异并不明显。在低解释水平下，具体的慈善事业信息组均值为 3.54，抽象的保护环境信息组均值为 3.56，并没有显著差异 [$F(1, 23) = 0.026$，$p = 0.970$]；具体的保护环境信息组均值为 3.84，抽象的保护环境信息组均值为 3.45，并没有显著差异 [$F(1, 24) = 0.578$，$p = 0.239$]。因此，在低解释水平下，具体的信息呈现方式与抽象的信息呈现方式在抑制财富抵触心理的负面作用上没有显著差异，研究假设 H3b 在慈善事业和保护环境方面都没有得到支持。实验结果如图 6.3 所示，具体均值如表 6.1 所示。

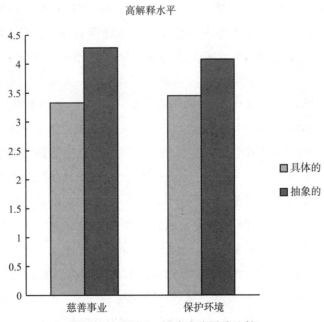

图 6.3　实验 3：酒店态度评价比较

表 6.1　　　　　　　　　　实验3：社会责任信息对酒店评价的影响

因变量	高解释水平				低解释水平			
	慈善事业		保护环境		慈善事业		保护环境	
	具体	抽象	具体	抽象	具体	抽象	具体	抽象
酒店态度评价	3.33	4.28	3.45	4.08	3.54	3.56	3.84	3.45
组间评价差异	0.95**		0.63*		0.02		0.39	

注：* 表示 $p < 0.1$，** 表示 $p < 0.05$。

6.5　实验3小结

实验3通过操控酒店社会责任类别和信息呈现方式，对比分析了社会公众的解释水平及酒店信息呈现方式对社会责任抑制作用的调节效应。实验3的目的是要检验在不同的解释水平下，不同的社会责任信息呈现方式是否有不同的效果。实验结果得到了一些有趣的新发现。首先，结果表明，在高解释水平下，抽象的信息呈现方式比具体的信息呈现方式更能抑制财富抵触心理的负面效应。无论是对于慈善事业责任还是保护环境责任，对于处于高解释水平的社会公众，酒店以抽象的形式呈现社会责任信息能够更好地抑制财富抵触心理引起的负面效应，能够有效地提高社会公众酒店态度评价，H3a得到了支持。然而，在低解释水平下，社会责任信息的信息呈现方式在抑制财富抵触心理负面效应的作用上，并没有显著差异。也就是说，对于处于低解释水平的社会公众，抽象或具体的社会责任呈现方式的作用是一样的，并没有明显的差异，H3b没有得到支持。

6.6　实验3b

在实验3中，H3b没有得到支持。在低解释水平下，社会责任信息的信息呈现方式在抑制财富抵触心理负面效应的作用上，并没有显著差异。为了进一步分析 H3b 不显著的原因，本研究专门对 3b 进行了实验。

在实验 3 中，使用了瓦拉赫尔和韦格纳（1987）的行为识别量表来测量被试的解释水平。笔者根据中国国情，将中国人难以理解的行为删除了，最后保留了 18 个行为对被试的行为识别进行测量。在对解释水平的高低进行界定时，笔者参照金和约翰（2008）的做法，用均值切分法划分被试的解释水平。金和约翰的这种解释水平均值切分法，能有效地将被试按照比例划分为高低两组。然而，在数据分析的过程中，笔者发现，虽然 14 分也是实验 3 的均值划分点，但在金和约翰的研究中，采用的是行动识别量表的 25 个问题，而本研究采用的是精简版的行动识别量表，只保留了适合中国国情的 18 个问题。也就是说，在金和约翰的研究中，被试的解释水平倾向的范围是 0 ~ 25，而实验 3 的范围仅有 0 ~ 18。在不同得分范围下，中国被试和外国被试的解释水平倾向得分基本一致，表明了中国消费者具有更高的解释水平倾向，按照行动识别量表的均值划分法来确定中国被试的解释水平倾向，可能存在一定的偏差。具体而言，14 分基本上是金和约翰研究中量表满分得分的中位数，与此同时，却远高于实验 3 中满分中位数的 9 分。因此，相对于外国消费者，在使用行动识别量表时，如果按照欧美学者的研究结论，中国消费者即使是被划分在低解释水平倾向的小组，也可能是高解释水平倾向的。

在霍夫施泰德（Hofstede）的国家文化差异理论中，他将文化定义为"将一个民族的成员与另一个民族的成员区别开来的集体的心智模式"，而国家文化是由一国成员共同拥有的深层的价值观体系（Hofstede et al.，1990）。来自不同国家的群体拥有不同的价值观和思维方式。在目前关于国家文化的维度和测量问题上，主要有两个获得公认的观点，第一个是 Kluek-hohn - Strodtbeck 六大文化维度理论，简称克氏理论（Davis，1999）。在该理论中，人的价值观主要由 6 个基本的价值取向构成，并可以归纳为 6 个维度：人类——自然取向、时间取向、人性取向、活动取向、关系取向和空间取向。其中，人类——自然取向指的是人类与自然的关系是怎样的，人与自然的关系究竟是屈服的、和谐共处的，还是支配的；时间取向指的是人类生活在时间上的注重点是过去、现在还是将来；人性取向指的是人类的本性是怎样的，文化把人视为善的、恶的，还是两者的混合；活动取向指的是人类活动的方式是什么取向，奉行实用主义或是享乐主义；关系取向指的是个人与其他人的关系是怎样的，采取的是个人主义还是集体主义；空间取向强调隐私还是公开，一些文化非常开放，并公开从事商业活动，另一些极端的文化则极为重视活动在私下进行。第二个获得公认的国家文化测量和维度，是来自霍夫施泰德和他的同事所做的多次大规模国家价值观调查研究。他们通过对50多个国家和地区民众价值观的数据分析，总结出来了5个国家文化维度指数，分别是个体主义/集体主义指数、权力距离指数、不确定性避免指数、男性/女性主义指数、长期倾向/短期倾向指数。其中，个体主义/集体主义指数衡量个人与集体联系的紧密程度，个体主义文化强调的是自我和个人的成就，与集体、社会的关系松散，相互依赖程度弱，而集体主义文化强调社区或群体的和谐，与集体、社会联系紧密，相互依赖程度强；权力距离指数衡量的是人们接受权力不平等状况的程度，从权力距离维度出发可以将国家文化分为层级型文化和民主型文化；不确定性避免指数衡量的是人们对于情况不确定性的容忍程度；男性/女性主义指数衡量的是工作中注重业绩表现还是注重关系的调和，男性文化表现出来的是力量、自我表现、竞争和雄心壮志，而女性文化是指那种注重感情、富于同情心的文化，注重关系的调和；长期倾向/短期倾向指数描述的是人们在完成工作任务时注重短期效益还是长远利益。他们提出的这五个文化维度为定量研究跨文化差异提供了可操作的变量，且很多后续的实证研究也证明了霍氏理论具有很强的解释力和预见性，是海外研究者进行跨文化研究的主要工具之一，对跨文化研究产生了巨大的影响。

无论是克氏6维度文化理论还是霍夫施泰德的国家文化差异理论，都将"时间距离感知"作为其中一个重要的维度。在克氏理论中，时间取向维度用于描绘人类生活在时间上的注重点是过去、现在还是将来，并且指出了美国人关注的是现在和近期未来，中国人则以一种更长远的观点看待时间（Hofstede，2008）。而在霍夫施泰德的国家文化差异理论中，长期倾向/短期倾向指数描述的是人们在完成工作任务时注重短期效益还是长远利益，在该指数上，美国人得分仅为 29 分，而中国人得分高达 118 分①。也就是说，无论是克氏理论还是国家文化差异理论，都表明了中国人和美国人在时间距离感知上差异巨大，相对于美国人的近距离感知，中国人更倾向于远距离感知。结合解释水平理论中的时间解释理论认为，当人们感知事件发生的时间距离较远时，会倾向于使用更抽象的、一般性的、去背景化的表征来解释事件，即高水平解释；而当感知事件发生的时间距离较近时，会倾向于使用更具体的、外围的、背景化的表征来解释事件，即低水平解释（Liberman & Trope，1998；Trope & Liberman，2003）。因此，相对于美国人的短期导向倾向，长期导向倾向使得中国人在解释水平上更容易表现为高解释水平倾向，倾向于使用更抽象的、一般性的、去背景化的表征来解释事件。

为了控制国家文化水平中的长期导向倾向/短期导向倾向对被试带来的影响，本研究将在实验 3b 中使用情绪启动的方式激发被试的解释水平倾向，替代实验 3 中使用行动识别量表对被试进行自然的解释水平倾向分类，检验在低解释水平下，具体的信息呈现方式比抽象的信息呈现方式更能抑制财富抵触心理的负面效应，即进一步检验 H3b。

6.7　实验设计与实验流程

实验 3b 基本采用了实验 3 的实验设计，对实验 1 中的高财富抵触心理组，采用单因素组间设计，即 2（信息呈现的抽象性：抽象的 vs 具体的）。实验 3b 是为了排除国家文化差异对被试解释水平倾向测量的影响，对实验 3 中 H3b 解释的进一步分析，基于实验简洁性的原则，只在慈善事业方面对低解释水平倾向下的呈现信息进行检验。

相对于实验 3，实验 3b 采用了情绪启动的方式，激发被试的低解释水平倾向，并只对慈善事业进行分析。实验 3b 的具体流程如图 6.4 所示。首先，被试将会阅读一段填写说明。在这份说明中，被试被告知，研究者对社会公

---

① http://geert-hofstede.com/united-states.html.

众对酒店的认识和评价感兴趣，被试接下来将要根据材料中的情景如实提供
意见，回答没有正确与错误之分，调查是匿名的，被试所提供的信息仅用于
学术研究之用。然后，要求被试先阅读一段关于社会上炫富或奢华行为的新
闻，让他们回答"阅读完以上材料，您的感觉是什么？"。接着，让被试阅
读 A 酒店的简介和装修设计风格。然后，被试将会阅读一份材料，用于提高
他们的解释水平。借鉴金和约翰（2008）、柴俊武等（2011）的做法，阅读
的材料是"假如您现在接到一个通知，您被告知需要在明天（或 6 个月后）

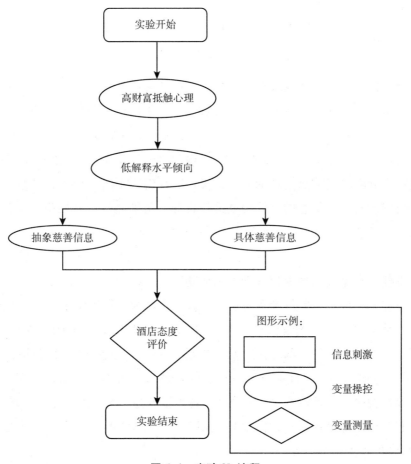

图 6.4　实验 3b 流程

参加一门重要的考试，该门考试很大程度上决定了毕业后的就业前景，对你来说十分重要"。在阅读完该信息后，被试要求对参考该考试之前的这段时间的长短进行评估，"请问您觉得参加考试之前的这段时间的长短（1 代表十分短暂的，7 代表十分漫长的，得分越高，感知的时间间隔越长）"。阅读低解释水平的被试会被随机分配到两个小组，分别阅读关于 A 酒店的慈善事业信息，该信息以抽象和具体两种方式呈现，社会责任信息的操控与实验 3 一致。最后，被试根据以上信息对酒店的态度评价进行评估。

6.8 操控检验和统计分析

为了检验对被试解释水平的操控，在被试阅读解释水平操控信息后，被试需要对考试前感知的时间长短进行打分。结果显示，与期望一致，间隔时间长的小组解释水平显著高于间隔时间短的小组（$M_{长间隔} = 4.22$，$M_{短间隔} = 2.92$，$F(1, 115) = 5.47$，$p < 0.00$），说明对解释水平操控成功。此外，为了对酒店社会责任信息呈现抽象性的操控，在阅读酒店社会责任信息后，被试需要分别对酒店信息的抽象程度进行打分。结果显示，与期望一致，高解释水平组的被试比低解释水平组的被试感知到的信息更抽象（$M_{抽象的} = 5.47$，$M_{具体的} = 4.66$，$F(1, 57) = 0.067$，$p < 0.05$）。因此，本实验对酒店社会责任信息呈现的抽象程度操控是成功的。

共有 118 名实验参与者参与正式实验，全部为在校大学生，其中男性 64 名，女性 54 名，平均年龄 22.10 岁。118 份有效问卷中，分为两部分，一部分用于操控检验，另一部分用于假设检验。为了对解释水平进行操控检验，118 份问卷分为两组，高解释水平组和低解释水平组均有 59 名实验参与者。在假设检验中，将低解释水平组的 59 名实验参与者分成两组：抽象信息呈现组和具体信息呈现组。抽象信息呈现组有 30 名实验参与者，具体信息呈现组有 29 名实验参与者。

采用 2（信息呈现方式：抽象的 vs 具体的）单因素方差分析，结果发现，信息呈现方式在酒店态度评价改变上的调节效应显著（$F(1, 57) = 5.262$，

$p < 0.1$），相对于抽象信息组（$M = 3.23$），具体信息组（$M = 3.76$）的酒店态度评价较高，即对低解释水平的被试，具体的慈善事业信息呈现方式比抽象的信息呈现方式能更有效地降低财富抵触心理的负面效应，具有更高的酒店态度评价，H3b 得到了验证，实验结果如图 6.5 所示，具体均值如表 6.2 所示。

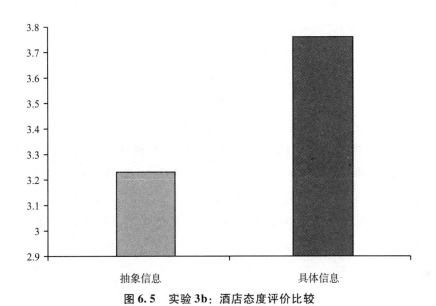

图 6.5　实验 3b：酒店态度评价比较

表 6.2　　　　　　　实验 3b：社会责任信息对酒店评价的影响

因变量	抽象信息组（N = 30）	具体信息组（N = 29）	均值差
酒店态度评价	3.23（1.01）	3.76（1.33）	0.53*

注：括号内数字为标准差；* 表示 $p < 0.1$。

6.9　实验 3b 小结

实验 3b 对解释水平进行了实验操控，而不是实验 3 的事后划分。对于解释水平，可以通过实验操控的方式，启动被试的解释水平情绪，也可以根据被试的人格特征倾向，将被试自然地划分为高解释水平倾向和低解释水平倾向。前者是基于情景操控的，后者是基于人格特征的。在本书中，实验 3 采用的是第二种方式，实验 3b 采用的是第一种方式。在实验 3 中笔者发现，由于国家文化差异的原因，长期导向倾向的中国被试的解释水平倾向理论上应该较短期导向倾向的美国被试更高，也就是说，在使用根据被试人格特征倾向测量被试的解释水平倾向时，中国被试和外国被试可能有更高的标准。具体到解释水平倾向的具体测量工具——行动识别量表，根据国家文化差异理论，中国人在该量表上的评分总体上应该比美国人更高，均值划分法可能存在着一些天花板效应，不能很好地区分高解释水平倾向与低解释水平倾向。这种天花板效应使得均值划分法下面的低解释水平被试仍然是处于高解释水平位置，进而使得关于低解释水平的研究假设 3b 没有得到支持。基于此，实验 3b 将实验 3 中对解释水平的个人特征自然划分换成情景操控，使用时间距离感知差异操控被试的解释水平。结果表明，在使用情景操控的低解释水平下，具体的社会责任信息比抽象的社会责任信息在酒店态度评价的得分更高，即对财富抵触心理的负面抑制作用更明显，研究假设 3b 得到了支持。

第 7 章

结论与讨论

7.1 研 究 结 论

本研究通过 3 个实验全面地探讨了财富抵触心理对社会公众态度评价的影响，及其酒店社会责任对该负面影响的抑制作用。

首先，实验 1 揭示了财富抵触心理对社会公众态度评价的负面效应。社会分层理论表明，由于社会资源的稀缺性，对社会资源的占有能力将人们划分成不同的群体。韦伯从财富、权力和声望三项标准来进行社会分层，即财富标准、权力标准和声望标准。财富标准，是指社会成员在市场中的机会，即个人能够占有商品或劳务的能力；权力标准，即个人或群体对他人行动施行控制和影响的能力；声望标准，指个人在其所处的社会环境中得到的声誉或尊敬，它取决于个人的身份、受教育水平、生活方式等。在这三个标准中，财富标准是划分社会阶层的最重要因素。由于目前我国贫富两极分化日趋严重，富人阶层和穷人阶层都在慢慢壮大，而作为富人阶层和穷人阶层矛盾缓冲带的中间阶层却在缩小。此外，由于我国在历史文化上的财富抵触情结，使得当前我国社会上的财富抵触心理空前严重，正处于一个激化和泛化的阶段。社会公众财富抵触心理对社会经济、文化的影响，需要引起学者和实践管理者的重视。根据社会分层理论和挫折—攻击理论，本书提出了第一个研究假设，财富抵触心理对社会公众态度评价有消极影响。实验 1 通过对比社会公众的高财富抵触心理与低财富抵触心理，论证了财富抵触心理对社会公众态度评价的负面效应，明确了财富抵触心理对高星级酒店可能存在的不良影响。

在实验 1 的基础上，实验 2 探讨了酒店的社会责任信息是否对社会公众财富抵触心理的负面效应有着抑制的作用。从财富正当性观点出发，财富占有方通过将财富回馈社会，积极参加慈善事业，履行企业社会责任等行为，都有助于提高社会大众对财富的正当性判断。因此，本书提出了第二个研究假设，酒店社会责任信息能有效抑制财富抵触心理的负面效应。根据对酒店现阶段社会责任实践的现状，本书选取了当前最流行的三个酒店社会责任实践——慈善事业、保护环境以及雇佣质量。根据财富正当性观点，进一步细化了研究假设 2，只有外向型的企业社会责任实践，如慈善事业与保护环境，才能提高财富的正当性，进而抑制财富抵触心理的负面效应，内向型的企业社会责任，如提高雇佣质量，并不能提高财富的正当性，也不能抑制财富抵触心理的负面效应。实验 2 通过单因素方差分析，检验了以上研究假设，论证了酒店的慈善事业信息和保护环境信息能够有效地抑制财富抵触心理的负面效应，提高社会公众态度评价。

实验 3 进一步探讨了社会公众的解释水平和酒店社会责任信息呈现的抽象性对财富抵触心理负面效应的抑制作用。解释水平理论作为一种社会认知理论，其核心思想是关于人们对被观察事件的心理表征。解释水平理论强调个人对环境的感知和理解是具有情境性和个体倾向的，人们对客观事物的反应取决于人们对该事物的心理表征（李雁晨、周庭锐和周琇，2009；Trope & Liberman，2003），这种心理表征具有层次性，而层次性的重要表现形式便是人们感知到的抽象化程度，抽象程度代表着个体的解释水平。解释水平的高低取决于人们所感知的与认知客体的心理距离，人们对认知客体的判断与决策，受到解释水平程度的影响（Liberman，Sagristano & Trope，2002；Nussbaum，Trope & Liberman，2003）。基于情境的心理距离是决定个体解释水平高低的环境因素，作为一种本质属性或是习惯的个体行动识别倾向是影响个体解释水平的个人因素，两者共同决定着个体的解释水平（Freitas，

Salovey & Liberman，2001；Kim & John，2008；Vallacher & Wegner，1987）。根据行动识别量表，实验3将被试划分为高解释水平倾向和低解释水平倾向两个群体。根据解释水平理论，高解释水平倾向的被试会倾向于采用抽象方式呈现的社会责任信息进行表征，也就是说，高解释水平倾向的被试在抽象的社会责任信息上打分会更高，在具体的社会责任信息上打分更低，即研究假设H3a。与此相反，低解释水平倾向的被试会倾向于采用具体方式呈现的社会责任信息进行表征，也就是说，低解释水平倾向的被试在具体的社会责任信息上打分会更高，在抽象的社会责任信息上打分更低，即研究假设H3b。实验3通过双因素操控实验，对以上研究假设进行了检验，研究结果表明，高解释水平倾向的被试在抽象的社会责任信息上打分的确会更高，在具体的社会责任信息上打分更低，H3a得到了支持。但出乎意料的是，低解释水平倾向的被试对两种信息呈现方式的打分没有显著差异，H3b没有得到支持。为了再一次检验H3b，本研究的实验3b对低解释水平进行了进一步的分析。实验3b采用操控检验的方式，取代了根据被试个体特征划分解释水平倾向的方式，对低水平下的被试进行了检验。研究结果表明，低解释水平倾向的被试在具体的社会责任信息上打分的确会更高，在抽象的社会责任信息上打分更低，H3b得到了支持。实验3b表明解释水平高低的感知受到国家文化的影响，相对于具有短期导向倾向的美国人，具有长期导向倾向的中国人应该更倾向于有高解释水平。研究者在使用个体解释水平倾向进行自然划分时，需要为西方和东方建立不同的解释水平感知的标准线。

7.2 理 论 贡 献

本研究深入剖析了酒店社会责任对财富抵触心理负面效应的抑制作用，通过三个实验层层递进地探讨了财富抵触心理对社会公众态度评价的消极影响，酒店社会责任信息对该负面影响的抑制作用，社会公众解释水平以及酒店社会责任信息呈现的抽象性对该抑制作用的调节影响。因此，总体来说，本书在前人研究基础之上具有一定的突破与创新。具体而言，包括以下四个方面的理论贡献。

第一，首次较为系统地揭示了炫耀性营销与财富抵触心理的关系，以及财富抵触心理对酒店态度评价的影响机制。前人对财富抵触心理的研究主要集中在对财富抵触心理的探索性分析，如朱敏（2012）从心理学的角度，解读中国人财富抵触心理及其动机分析，邵远红（2010）从政治社会学的角度，对新时期我国社会财富抵触现象进行了社会学解读，郝亚明和朱荟（2007）对财富抵触心理产生的社会性根源进行了全面分析。在营销管理领域，更是缺乏对财富抵触心理的影响较为系统完整的分析。本研究结合了社会学的社会分层理论、挫折—攻击理论等，探析了我国当前财富抵触心理激化和泛化的必然性，论证了炫耀性营销会激发消费大众的财富抵触心理，财富抵触心理对社会公众态度评价的消极作用。

第二，结合组织合法性理论，深化了酒店社会责任的相关研究，强调了企业社会责任在旅游业的重要性，并弥补了企业社会责任在财富抵触心理问题上研究的缺失。现有的企业社会责任在营销管理领域的研究，主要集中在企业社会责任的直接效应上。毫无疑问，社会公众对企业社会责任的感知，能够有效地提高他们对企业整体形象的评价。但是，社会责任与财富抵触心理之间的关系并没有引起学者的重视，该主题尚没有较为系统理论的研究。由于我国的财富抵触心理激化和泛化具有独特的历史文化、社会结构、社会调节机制等方面的根源，其他国家或地区，尤其是欧美发达国家，并没有这个现象，也没有相对应的研究成果和理论指引我国学者和实践管理者。因此，在财富抵触心理领域，我国学者必须建立一套自己的理论体系，用于分析和指导该领域的研究，以及相关的管理实践。根据财富正当性观点，本研究指出，酒店可以通过积极参加慈善事业和保护环境等社会责任实践，降低财富抵触心理带来的负面影响，希望能够起到抛砖引玉的作用，引起营销学者和旅游管理学者对于酒店社会责任对财富抵触心理负面效应抑制作用的重视，并通过本研究给学者们提供参考，从而更好地丰富和完善该领域的相关研究成果。

第三，将解释水平理论引入了酒店社会责任研究中，对目前的酒店社会责任研究起到了精细化的作用。解释水平理论将人的心理表征系统简化为高水平解释和低水平解释，高水平解释是抽象的、简单的、去背景化的、图示化程度较高的，反映了事物的核心特征；而低水平解释是具体的、复杂的、背景化的、图示化程度较低的，反映了事物的表面特征。在评价、判断和制定决策时，个体更加关切与其解释水平相匹配的信息、经验和事物（Trope & Liberman，2000）。因此，高水平解释的个体更易被具有抽象和一般性特征的刺激所影响；而低水平解释的个体更易被具有具体和细节性特征的刺激所影响（Hilton & Von Hippel，1996）。本研究借用心理学的解释水平理论，进一步精细化了酒店社会责任信息的最佳呈现方式，为营销实践提出了十分有用的指导性建议。

第四，引用国家文化差异理论，深化了对解释水平理论的理解，强调了基于中国文化和欧美文化下，解释水平高低划分标准的差异。根据克氏文化理论以及霍夫施泰德的国家文化差异理论，由于对时间感知距离的差异，具有长期导向倾向的中国消费者，比具有短期导向倾向的欧美消费者，在行动识别量表上打分更高，有着更高的解释水平倾向。也就是说，文化因素是影响个体解释水平感知的一个重要因素。本书的研究成果表明，我国学者在使用解释水平理论时，应更多地考虑我国的基本国情，建立并完善基于我国文化的解释水平理论，以便于更好地解释和预测我国消费者的态度认知和行为模式。

7.3 实 践 启 示

近年来，无论是在国家层面，还是在企业层面，旅游企业都在积极倡导履行社会责任的问题。国务院于 2007 年 12 月 29 日起实施的《关于中央企业履行社会责任的指导意见》，要求企业必须履行相应的社会责任。2011 年 11 月 8 日，港中旅集团的《2010 年企业社会责任报告》作为我国旅游企业首次发布的社会责任报告在北京发布，该报告系统总结了港中旅集团承担社会责任的企业理念与履责实践。企业社会责任问题受到了包括中国在内的全球实践界与学术界越来越多的关注。但是，作为对自然和社会环境有着极大依赖性的旅游企业，对企业社会责任的关注却极为有限，它们对自己给环境带来的积极或消极的影响往往表现得较为冷漠（Frey，2010）。波特（Porter）和克莱默（Kramer）指出，尽管企业社会投资和道德管理实践在很多行业均得到了蓬勃发展，但旅游业在这些方面的实践十分有限（Porter & Kramer，2006），全球只有2%的旅游企业参加到责任旅游或社会责任实践中（Wijk & Persoon，2006），旅游企业在社会责任实践方面远落后于其他行业。企业社会责任在旅游行业发展缓慢，究其原因，是旅游企业对社会责任的重视程度不够，对社会责任对企业发展的重要作用认识不深。本书通过三个实验，分析了酒店社会责任在抑制消费者财富抵触心理负面效应上的重要作用，既给旅游酒店管理者论述了履行社会责任的重要意义，也提出了具体的实践指导。第一，在目前酒店业最流行的三种社会责任实践中，慈善事业和保护环境能够很好地抑制财富抵触心理带来的负面效应，而提高雇佣质量在这方面却无能为力。因此酒店管理者在应对财富抵触心理的社会问题时，可以积极履行慈善事业和保护环境等社会责任，并对其进行着重宣传。第二，在社会责任的营销宣传方面，对于高解释水平倾向的个体，以抽象的方式呈现比以具体形式呈现效果更好，更能提高社会责任信息的作用。如对保护环境的宣传中"酒店多次公开表明了自己献身于保护环境的决心，并将保护环境的实施作为酒店的经营目标之一。酒店还强调了"保护环境作为酒店的使命之一，是酒店进行经营决策时一个优先考虑的问题"比"倡导绿色低碳住宿，最小化对环境的影响。酒店努力降低二氧化碳等污染气体的排放，选用节电、节水设备设施，降低能耗，使用可循环的绿色能源，减少一次性用品的使用，积极推行各种保护环境的措施"效果更好。第三，酒店在进行营销宣传的时候，可以使用情绪启动的方式，激发目标受众的心理距离，提高他们的解释水平，进而提高社会责任信息的营销传播效果。根据国家文化差异理论，由于，东方人的长期导向倾向习惯于使用抽象的思维去看待事物，西方人习惯于使用具体的思维去看待事物，在无法识别社会公众的解释水平时，酒店管理者在东方市场做社会责任营销宣传时，应采用抽象的营销方式，而在西方市场，采用具体的营销方式效果更佳。

7.4 研究局限与未来研究方向

本研究采用了情景实验法，以大学生群体为实验参与对象，样本的同质性较高，这样虽然保证了研究具有很高的内部效度，但在外部效度上有所限制。因此，为了检验本研究成果的外部有效性，后续研究可以将研究对象扩展到一致性较高的样本群体，如高星级酒店真实的客户及对他们更为有影响力的参照群体。此外，由于行业的特殊性，本书的研究对象是高星级的酒店，选取的社会责任类型也是基于目前酒店行业的实践现状，采用了慈善事业、环境保护以及雇佣质量等方面社会责任。在后续的研究中，研究者需要根据不同的行业，选取能够代表该行业的一些社会责任类型，检验本研究结论的行业可推广性。

在操控财富抵触心理时，本研究只选取了酒店装修豪华程度这一特征，其他的一些可能引起社会公众财富抵触心理的企业特征并没有得到检验。如酒店高管过高的年薪是否会激起消费大众财富抵触心理？高星级酒店的广告设计是否显得过于豪华？毫无疑问，在当前中国社会上，财富抵触心理是普遍存在的，处于较为活跃的敏感时期，酒店管理者的不经意谈吐，或者是酒店的一些奢侈品营销策略，都有可能引起消费大众的财富抵触心理。因此，未来的研究有必要进一步探讨可能引起消费大众对酒店财富抵触心理的影响因素。此外，如何合理地运用奢侈品营销相关策略，既突出酒店的尊贵和豪华，又不会激起社会公众的财富抵触心理，也是未来的一个可能的研究方向。

本研究的落脚点是消费大众对酒店的态度评价，并没有对酒店目标顾客的入住意愿和入住行为进行分析。在本研究中，在短期内，实验的参与者并不是高星级酒店的目标顾客，他们对高星级酒店的影响，是在于形成一种氛围，或者是口碑宣传。例如，在D&G事件中，D&G得罪的不是它的目标顾客，激怒的是那些可能终其一生也不会购买D&G的社会民众。但是，由于社会的舆论压力存在，当企业被贴上了"全民公敌"的标签时，企业的真实顾客往往不会冒天下之大不韪，继续保持和企业的关系。他们往往会选择观望的态度，停止或减少购买行为，避免成为"全民公敌"的帮凶、同伙。因此针对本研究中的财富抵触心理问题，未来研究可以分析社会大众对高星级酒店的财富抵触心理，是否造成了高星级酒店的目标顾客的停止购买、退缩等行为。此外，本研究只分析了社会责任对财富抵触心理负面效应的抑制作用，其他的企业行为是否也能够降低财富抵触心理的这种影响，是未来的一个研究方向。

对于解释水平理论，个体的解释水平受到情境因素和个体因素的双重影响（Kim & John，2008）。当前提到的解释水平理论主要是从情景因素出发的，从个体因素出发的行动识别理论受到的重视较少。实际上，行动识别理论与解释水平理论的思想一致，但后者是对前者的拓展，其应用范围更广、解释力更强（Liberman & Trope，1998；孙晓玲、张云和吴明证，2007）。一系列的实验研究显示，作为情境因素的心理距离是最基本的决定因素。同时，解释水平也受个体自身因素的影响，作为一种本质属性或是习惯，不同的个体可能具有不同的解释水平。本研究采用了行动识别理论中的行动识别量表对个体的解释水平倾向进行了测量，并用该测量得分将个体划分为高解释水平和低解释水平。研究结论显示，在使用行动识别量表进行解释水平划分时，只有高解释水平下，信息呈现的抽象性才对个体的表征方式产生影响，在低解释水平下，该关系并不明显。本研究考虑到国家文化差异带来的影响，使用实验操控的方式，对低解释水平下的社会责任信息呈现方式进行了再一次的检验。研究结论显示，在使用实验操控方式对解释水平进行操控时，低解释水平的信息呈现方式同样作用显著，具体的社会责任信息比抽象的信息有着更高的酒店态度评价。因此，国家文化差异对消费者的解释水平认知可能存在重要的影响，在未来的研究中，需要深入探讨分析国家文化差异对个体解释水平认知的影响机制。

附录

1. 前测

指导语： 尊敬的同学，您好！感谢您参与本次问卷调查，您所提供的匿名信息仅用于学术研究，不会用于商业用途。本调查想了解社会公众对酒店的认识和评价，您的回答不涉及个人隐私，请放心作答。在问卷中您将看到某家酒店的相关信息，希望您根据问卷中提供的信息，按照自己的真实看法回答问项，谢谢您的合作！

中山大学服务性企业管理研究中心

个人背景信息

性别：□男　　□女　年龄：＿＿＿＿＿＿

A 酒店，始建于 2011 年，高 328 米，列世界第 15 位，中国第 8 位。酒店外观"三足鼎立，明珠置顶"，象征着 A 村三制相承，如日中天，是创建"新市村"的重要标志。A 酒店是 A 村为迎接 2011 年建村 50 周年而打造的现代化超五星级综合性酒店。大酒店耗资 30 多亿元，其装修豪华、用具名贵，如黄金餐具、金箔扶手，还有重达 17 吨的玉石。在酒店 60 层还有一座耗费一吨纯金打造的金牛，金牛就立在走廊上，作为镇楼之宝供住客参观。金牛呈耕作状，长 2.3 米，宽 70 厘米，高 1.7 米，价值 3 亿多元。据了解，A 酒店标准间的价格为每晚 780 元。

B 酒店是广州一家既具民族特色、园林风格，又体现着现代化气息的五星级酒店，也是目前广州唯一一家上市的五星级酒店，已有五十年历史。B 酒店由建造大师林克明、麦禹喜等设计，平面呈"工"字形，占地面积 4.5 万平方米，建筑面积 4.2 万平方米，高 8 层。1961 年 10 月 11 日建成开业，1966 年改为现名。1973 年建西楼，平面呈"┌┐"，由北、南、中三段组成，建筑面积 4.18 万平方米，楼高 12 层。东、西两楼间有 9000 多平方米园林景色。于 1980 年、1985 年、1990 年、2004 年四次扩建、装修、更新。1990 年 9 月被评为五星级酒店，为中国大陆首家国营五星级酒店。据了解，

B 酒店标准间的价格为每晚 780 元。

1. 在阅读以上材料后，您觉得哪家酒店更"炫富"？

□A 酒店　　　　□B 酒店

2. 在阅读以上材料后，您更认同哪家酒店的做法？

□A 酒店　　　　□B 酒店

3. 在阅读以上材料后，您觉得哪家酒店的做法更容易引起财富抵触心理？

□A 酒店　　　　□B 酒店

2. 实验1材料

指导语: 尊敬的同学,您好!感谢您参与本次问卷调查,您所提供的匿名信息仅用于学术研究,不会用于商业用途。本调查想了解社会公众对酒店的认识和评价,您的回答不涉及个人隐私,请放心作答。在问卷中您将看到某家酒店的相关信息,希望您根据问卷中提供的信息,按照自己的真实看法回答问项,谢谢您的合作!

中山大学服务性企业管理研究中心

近年来,由于贫富分化加剧,再加上部分"富二代"的炫富事件以及有关大型企业奢华作风的报道,使得社会上的财富抵触现象愈演愈烈。在炫富事件中,最早引起广泛关注的是郭美美事件,郭美美通过其微博公然炫耀其奢华生活,如自称拥有大别墅、开玛莎拉蒂跑车等。随后又发生了"炫富弟"事件,一个网名叫"叨叨"的初中生,不断在腾讯微博上晒兰博基尼、法拉利等跑车及各种名牌包。

再者,在企业层面,由于其奢华作风,也引起了社会大众的批评。如中石化大楼的千万天价吊灯事件,该事件中,"中石化大楼安装1200万元天价吊灯""中石化2.4亿元奢华装修惹众怒"等帖子,先是在网络论坛流行,后被平面媒体转载,受到公众热议、抨击。中石化虽在事件发生不久后出面澄清价格,但并没有取得公众的谅解,质疑之声依旧不绝于耳。此外,中国平安保险公司总裁马明哲年薪6600万元被曝光后,在媒体和网络平台引起轩然大波,人民网、新华网都将其作为论坛专题供网民讨论。据有关方面统计,2007年全国农民人均年纯收入4140元,马明哲的6600万元年薪是农民人均年纯收入的15942倍。这样,马明哲一个人的薪酬相当于社会中下阶层收入平均数的数千倍、上万倍。中国平安高管千万年薪使平安走向了风口浪尖,受到了全国大多媒体和社会公众的批评。

阅读完以上材料,您的感觉是_____?

高财富抵触心理组

A 酒店，始建于 2011 年，高 328 米，列世界第 15 位，中国第 8 位。酒店外观"三足鼎立，明珠置顶"，象征着 A 村三制相承，如日中天，是创建"新市村"的重要标志。A 酒店是 A 村为迎接 2011 年建村 50 周年而打造的现代化超五星级综合性酒店。大酒店耗资 30 多亿元，其装修豪华、用具名贵，比如黄金餐具、金箔扶手，还有重达 17 吨的玉石。在酒店 60 层还有一座耗费一吨纯金打造的金牛，金牛就立在走廊上，作为镇楼之宝供住客参观。金牛呈耕作状，长 2.3 米，宽 70 厘米，高 1.7 米，价值 3 亿多元。据了解，A 酒店标准间的价格为每晚 780 元。

以下是一些对 A 酒店的描述，请在最接近自己看法的数字上打钩或画圈。

五星级酒店就应该像 A 酒店那样装潢奢华	完全不同意	1 – 2 – 3 – 4 – 5 – 6 – 7	完全同意
A 酒店的行为是炫富行为	完全不同意	1 – 2 – 3 – 4 – 5 – 6 – 7	完全同意

低财富抵触心理组

B 酒店是广州一家既具民族特色、园林风格，又体现着现代化气息的五星级酒店，也是目前广州唯一一家上市的五星级酒店，已有五十年历史。B 酒店由建造大师林克明、麦禹喜等设计，平面呈"工"字形，占地面积 4.5 万平方米，建筑面积 4.2 万平方米，高 8 层。1961 年 10 月 11 日建成开业，1966 年改为现名。1973 年建西楼，平面呈"┌┐"，由北、南、中三段组成，建筑面积 4.18 万平方米，楼高 12 层。东、西两楼间有 9000 多平方米园林景色。于 1980 年、1985 年、1990 年、2004 年四次扩建、装修、更新。1990 年 9 月被评为五星级酒店，为中国大陆首家国营五星级酒店。据了解，B 酒店标准间的价格为每晚 780 元。

在阅读以上材料后，请您对 B 酒店的一些描述进行评价，请在最接近自己看法的数字上打钩或画圈。

你对 B 酒店的态度或评价是	很不好	1 – 2 – 3 – 4 – 5 – 6 – 7	很好
	很不喜欢	1 – 2 – 3 – 4 – 5 – 6 – 7	很喜欢
	消极的	1 – 2 – 3 – 4 – 5 – 6 – 7	积极的

个人背景信息

性别：□男　　□女　年龄：＿＿＿＿＿

3. 实验 2 材料

指导语： 尊敬的同学，您好！感谢您参与本次问卷调查，您所提供的匿名信息仅用于学术研究，不会用于商业用途。本调查想了解社会公众对酒店的认识和评价，您的回答不涉及个人隐私，请放心作答。在问卷中您将看到某家酒店的相关信息，希望您根据问卷中提供的信息，按照自己的真实看法回答问项，谢谢您的合作！

中山大学服务性企业管理研究中心

近年来，由于贫富分化加剧，再加上部分"富二代"的炫富事件以及有关大型企业奢华作风的报道，使得社会上的财富抵触现象愈演愈烈。在炫富事件中，最早引起广泛关注的是郭美美事件，郭美美通过其微博公然炫耀其奢华生活，如自称拥有大别墅、开玛莎拉蒂跑车等。随后又发生了"炫富弟"事件，一个网名叫"叨叨"的初中生，不断在腾讯微博上晒兰博基尼、法拉利等跑车及各种名牌包。

再者，在企业层面，由于其奢华作风，也引起了社会大众的批评。如中石化大楼的千万天价吊灯事件，该事件中，"中石化大楼安装 1200 万元天价吊灯""中石化 2.4 亿元奢华装修惹众怒"等帖子，先是在网络论坛流行，后被平面媒体转载，受到公众热议、抨击。中石化虽在事件发生不久后出面澄清价格，但并没有取得公众的谅解，质疑之声依旧不绝于耳。此外，中国平安保险公司总裁马明哲年薪 6600 万元被曝光后，在媒体和网络平台引起轩然大波，人民网、新华网都将其作为论坛专题供网民讨论。据有关方面统计，2007 年全国农民人均年纯收入 4140 元，马明哲的 6600 万元年薪是农民人均年纯收入的 15942 倍。这样，马明哲一个人的薪酬相当于社会中下阶层收入平均数的数千倍、上万倍。中国平安高管千万年薪使平安走向了风口浪尖，受到了全国大多媒体和社会公众的批评。

阅读完以上材料，您的感觉是_____？

A 酒店，始建于 2011 年，高 328 米，列世界第 15 位，中国第 8 位。酒

4. 实验 3 材料

指导语： 尊敬的同学，您好！感谢您参与本次问卷调查，您所提供的匿名信息仅用于学术研究，不会用于商业用途。本调查想了解社会公众对酒店的认识和评价，您的回答不涉及个人隐私，请放心作答。在问卷中您将看到某家酒店的相关信息，希望您根据问卷中提供的信息，按照自己的真实看法回答问项，谢谢您的合作！

中山大学服务性企业管理研究中心

近年来，由于贫富分化加剧，再加上部分"富二代"的炫富事件以及有关大型企业奢华作风的报道，使得社会上的财富抵触现象愈演愈烈。在炫富事件中，最早引起广泛关注的是郭美美事件，郭美美通过其微博公然炫耀其奢华生活，如自称拥有大别墅、开玛莎拉蒂跑车等。随后又发生了"炫富弟"事件，一个网名叫"叼叼"的初中生，不断在腾讯微博上晒兰博基尼、法拉利等跑车及各种名牌包。

再者，在企业层面，由于其奢华作风，也引起了社会大众的批评。如中石化大楼的千万天价吊灯事件，该事件中，"中石化大楼安装 1200 万元天价吊灯""中石化 2.4 亿元奢华装修惹众怒"等帖子，先是在网络论坛流行，后被平面媒体转载，受到公众热议、抨击。中石化虽在事件发生不久后出面澄清价格，但并没有取得公众的谅解，质疑之声依旧不绝于耳。此外，中国平安保险公司总裁马明哲年薪 6600 万元被曝光后，在媒体和网络平台引起轩然大波，人民网、新华网都将其作为论坛专题供网民讨论。据有关方面统计，2007 年全国农民人均年纯收入 4140 元，马明哲的 6600 万元年薪是农民人均年纯收入的 15942 倍。这样，马明哲一个人的薪酬相当于社会中下阶层收入平均数的数千倍、上万倍。中国平安高管千万年薪使平安走向了风口浪尖，受到了全国大多媒体和社会公众的批评。

阅读完以上材料，您的感觉是_____？

A 酒店，始建于 2011 年，高 328 米，列世界第 15 位，中国第 8 位。酒店外观"三足鼎立，明珠置顶"，象征着 A 村三制相承，如日中天，是创建"新市村"的重要标志。A 酒店是一间耗资 30 多亿元打造的现代化超五星级综合性酒店。其装修豪华、用具名贵，如黄金餐具、金箔扶手，还有重达 17 吨的玉石。在酒店 60 层还有一座耗费一吨纯金打造的金牛，金牛就立在走廊上，作为镇楼之宝供住客参观。金牛呈耕作状，长 2.3 米，宽 70 厘米，高 1.7 米，价值 3 亿多元。

以下是一些对 A 酒店的描述，请在最接近自己看法的数字上打钩或画圈。

	完全不同意	比较不同意	有点不同意	中立	有点同意	比较同意	完全同意
A 酒店的行为是炫富行为	1	2	3	4	5	6	7
A 酒店的行为让我产生财富抵触心理	1	2	3	4	5	6	7

慈善事业—抽象组

A 酒店倡导"取之于民，用之于民"的企业文化，认为酒店的财富来自社会，所以应积极履行企业社会责任，回馈社会。A 酒店将支持慈善事业视为自己履行企业社会责任的重要实践。它不仅投身于慈善事业，而且将慈善事业的实施作为酒店的经营目标之一。酒店多次向公众表达自己积极从事慈善事业的决心，还强调将慈善事业作为酒店的使命之一，是酒店经营决策时优先考虑的问题之一。

慈善事业—具体组

A 酒店倡导"取之于民，用之于民"的企业文化，认为酒店的财富来自社会，所以应积极履行企业社会责任，回馈社会。A 酒店将支持慈善事业视为自己履行企业社会责任的重要实践。它积极参加到各种慈善事业当中，包括对云南省某县贫困地区的慈善扶贫，发展该地区的教育事业和文化事业。此外，A 酒店还致力于慈善救灾事业，在某地发生大型泥石流后，A 酒店积极参与灾区的重建，给灾区人们提供了大量的食品和物资。

保护环境—抽象组

A 酒店倡导"取之于民，用之于民"的企业文化，认为酒店的财富来自社会，所以应积极履行企业社会责任，回馈社会。A 酒店将保护环境视为自己履行企业社会责任的重要实践，酒店多次公开表明了自己献身与保护环境的决心，并将保护环境的实施作为了酒店的经营目标之一。酒店还强调了保护环境作为酒店的使命之一，是酒店进行经营决策时一个优先考虑的问题。

保护环境—具体组

A 酒店倡导"取之于民，用之于民"的企业文化，认为酒店的财富来自社会，所以应积极履行企业社会责任，回馈社会。A 酒店将保护环境视为自己履行企业社会责任的重要实践，倡导绿色低碳住宿，最小化对环境的影响。酒店努力降低二氧化碳等污染气体的排放，选用节电、节水设备设施，降低能耗，使用可循环的绿色能源，减少一次性用品的使用，积极推行各种保护环境的措施。

看完这段描述，您对 A 酒店慈善事业的印象是（1 代表十分具体的，7 代表十分抽象的，得分越高，抽象程度越高）：

十分具体的						十分抽象的
1	2	3	4	5	6	7

在阅读以上材料后，请您对 A 酒店的一些描述进行评价，请在最接近自己看法的数字上打钩或画圈。

	完全不同意	比较不同意	有点不同意	中立	有点同意	比较同意	完全同意
A 酒店是富有企业社会责任感的企业	1	2	3	4	5	6	7
A 酒店在保护环境方面表现得很好	1	2	3	4	5	6	7
A 酒店在慈善事业方面表现得很好	1	2	3	4	5	6	7

你对 A 酒店的态度或评价是	非常不好	比较不好	有点不好	中立	有点好	比较好	非常好
	1	2	3	4	5	6	7
	非常不喜欢	比较不喜欢	有点不喜欢	中立	有点喜欢	比较喜欢	非常喜欢
	1	2	3	4	5	6	7
	非常消极	比较消极	有点消极	中立	有点积极	比较积极	非常积极
	1	2	3	4	5	6	7

指导语：任何行为都能通过不同的方式进行表达。例如，对于"写论文"这种行为，一些人可能将其表达为"敲击键盘"，另外一些人则将其描述为"表达思想"。我们感兴趣的是，对于我们日常生活中常见的一些行为，你更喜欢用何种表达方式。接下来你会看到几种常见的行为，每种行为有两种不同的描述方式，例如：

上课

a. 坐在教室里

b. 吸收知识

你的任务就是根据你自己的表达喜好，选择 a 或者 b，在选项字母上打一个勾。每种行为只能选择一种表达方式。当然，选择没有正确错误之分，完全按你自己的喜好习惯进行选择。请对每种行为都进行选择，不要漏题。请记住一点，选择你认为最合适的表达方式。

1. 列清单 　a. 使事情变得有条理 　b. 把事情写下来	2. 阅读 　a. 看一系列的字句 　b. 获取知识
3. 洗衣服 　a. 除掉污渍 　b. 将衣服放入洗衣机	4. 打算购买新地毯，所以提前测量房间大小 　a. 为装修做准备 　b. 使用卷尺
5. 打扫房间 　a. 显示个人的清洁度 　b. 收拾屋子，清理地板	6. 粉刷房间 　a. 用刷子刷墙 　b. 让房间看起来焕然一新

7. 付房租 　　a. 获得房子居住权 　　b. 掏现金	8. 照料室内植物 　　a. 给植物浇水 　　b. 使房间看起来很漂亮
9. 锁门 　　a. 将钥匙插入门锁 　　b. 保护房子的安全	10. 做人格测验 　　a. 回答问题 　　b. 揭示你真实的性格
11. 刷牙 　　a. 防止蛀牙 　　b. 用牙刷清除牙垢	12. 参加考试 　　a. 回答试卷上的问题 　　b. 展示你掌握的知识
13. 打招呼 　　a. 说 "hello" 　　b. 显示友好	14. 抵制诱惑 　　a. 说 "不" 　　b. 展示道德勇气
15. 吃 　　a. 获得营养 　　b. 咀嚼、吞咽	16. 自驾游 　　a. 按路线图行走 　　b. 欣赏野外的风光
17. 按门铃 　　a. 将手指放在门铃上 　　b. 看某人是否在家	18. 与孩子交谈 　　a. 与孩子沟通 　　b. 说一系列的字句

个人背景信息

性别：□男　　□女　年龄：＿＿＿＿＿＿＿

5. 实验 3b 材料

指导语：尊敬的同学，您好！感谢您参与本次问卷调查，您所提供的匿名信息仅用于学术研究，不会用于商业用途。本调查想了解社会公众对酒店的认识和评价，您的回答不涉及个人隐私，请放心作答。在问卷中您将看到某家酒店的相关信息，希望您根据问卷中提供的信息，按照自己的真实看法回答问项，谢谢您的合作！

中山大学服务性企业管理研究中心

近年来，由于贫富分化加剧，再加上部分"富二代"的炫富事件以及有关大型企业奢华作风的报道，使得社会上的财富抵触现象愈演愈烈。在炫富事件中，最早引起广泛关注的是郭美美事件，郭美美通过其微博公然炫耀其奢华生活，如自称拥有大别墅、开玛莎拉蒂跑车等。随后又发生了"炫富弟"事件，一个网名叫"叮叮"的初中生，不断在腾讯微博上晒兰博基尼、法拉利等跑车及各种名牌包。

再者，在企业层面，由于其奢华作风，也引起了社会大众的批评。如中石化大楼的千万天价吊灯事件，该事件中，"中石化大楼安装 1200 万元天价吊灯""中石化 2.4 亿元奢华装修惹众怒"等帖子，先是在网络论坛流行，后被平面媒体转载，受到公众热议、抨击。中石化虽在事件发生不久后出面澄清价格，但并没有取得公众的谅解，质疑之声依旧不绝于耳。此外，中国平安保险公司总裁马明哲年薪 6600 万元曝光后，在媒体和网络平台引起轩然大波，人民网、新华网都将其作为论坛专题供网民讨论。据有关方面统计，2007 年全国农民人均年纯收入 4140 元，马明哲的 6600 万元年薪是农民人均年纯收入的 15942 倍。这样，马明哲一个人的薪酬相当于社会中下阶层收入平均数的数千倍、上万倍。中国平安高管千万年薪使平安走向了风口浪尖，受到了全国大多媒体和社会公众的批评。

阅读完以上材料，您的感觉是_____？

A 酒店，始建于 2011 年，高 328 米，列世界第 15 位，中国第 8 位。酒店外观"三足鼎立，明珠置顶"，象征着 A 村三制相承，如日中天，是创建"新市村"的重要标志。A 酒店是一间耗资 30 多亿元打造的现代化超五星级综合性酒店。其装修豪华、用具名贵，如黄金餐具、金箔扶手，还有重达 17 吨的玉石。在酒店 60 层还有一座耗费一吨纯金打造的金牛，金牛就立在走廊上，作为镇楼之宝供住客参观。金牛呈耕作状，长 2.3 米，宽 70 厘米，高 1.7 米，价值 3 亿多元。

以下是一些对 A 酒店的描述，请在最接近自己看法的数字上打钩或画圈。

	完全不同意	比较不同意	有点不同意	中立	有点同意	比较同意	完全同意
A 酒店的行为是炫富行为	1	2	3	4	5	6	7
A 酒店的行为让我产生财富抵触心理	1	2	3	4	5	6	7

假如您现在接到一个通知，您被告知需要在明天参加一门重要的考试，该门考试很大程度上决定了毕业就业前景，对你来说十分重要。

请问您觉得参加考试之前的这段时间的长短（1 代表十分短暂，7 代表十分漫长，得分越高，感知的时间间隔越长）：

十分短暂	比较短	有点短	不长不短	有点长	比较长	十分漫长
1	2	3	4	5	6	7

慈善事业—抽象组

A 酒店倡导"取之于民，用之于民"的企业文化，认为酒店的财富来自社会，所以应积极履行企业社会责任，回馈社会。A 酒店将支持慈善事业视为自己履行企业社会责任的重要实践。它不仅投身于慈善事业，而且将慈善事业的实施作为酒店的经营目标之一。酒店多次向公众表达自己积极从事慈善事业的决心，还强调将慈善事业作为酒店的使命之一，是酒店经营决策时优先考虑的问题之一。

慈善事业—具体组

A 酒店倡导"取之于民，用之于民"的企业文化，认为酒店的财富来自社会，所以应积极履行企业社会责任，回馈社会。A 酒店将支持慈善事业视为自己履行企业社会责任的重要实践。它积极参加到各种慈善事业当中，包括对云南省某县贫困地区的慈善扶贫，发展该地区的教育事业和文化事业。此外，A 酒店还致力于慈善救灾事业，在某地发生大型泥石流后，A 酒店积极参与灾区的重建，给灾区人们提供了大量的食品和物资。

看完这段描述，您对 A 酒店慈善事业的印象是（1 代表十分具体的，7 代表十分抽象的，得分越高，抽象程度越高）：

十分具体的						十分抽象的
1	2	3	4	5	6	7

在阅读以上材料后，请您对 A 酒店的一些描述进行评价，在最接近自己看法的数字上打钩或画圈。

	完全 不同意	比较 不同意	有点 不同意	中立	有点 同意	比较 同意	完全 同意
A 酒店是富有企业社会责任感的企业	1	2	3	4	5	6	7
A 酒店在保护环境方面表现得很好	1	2	3	4	5	6	7
A 酒店在慈善事业方面表现得很好	1	2	3	4	5	6	7

	非常不好	比较不好	有点不好	中立	有点好	比较好	非常好
你对 A 酒店的态度或评价是	1	2	3	4	5	6	7
	非常不喜欢	比较不喜欢	有点不喜欢	中立	有点喜欢	比较喜欢	非常喜欢
	1	2	3	4	5	6	7
	非常消极	比较消极	有点消极	中立	有点积极	比较积极	非常积极
	1	2	3	4	5	6	7

个人背景信息

性别：□男　　□女　年龄：＿＿＿＿＿＿

参 考 文 献

[1] 柴俊武，赵广志，何伟. 解释水平对品牌联想和品牌延伸评估的影响 [J]. 心理学报，2011，43（2）：175－187.

[2] 陈宏辉，贾生华. 企业社会责任观的演进与发展：基于综合性社会契约的理解 [J]. 中国工业经济，2003（12）：85－92.

[3] 陈鹏. 经典三大传统社会分层观比较 [J]. 社会科学管理与评论，2011（3）：85－91.

[4] 戴维·迈尔斯著. 社会心理学（第9版）[M]. 北京：人民邮电出版社，2012.

[5] 戴维斯. 中西文化之鉴——跨文化交际教程 [M]. 北京：外语教学与研究出版社，1999：187－217.

[6] 邓晓辉，戴俐秋. 炫耀性消费理论及其最新进展 [J]. 外国经济与管理，2005（4）：2－9.

[7] 凡勃伦著，程猛译. 有闲阶级论 [M]. 北京：北京出版社，2012.

[8] 冯建英，穆维松，傅泽田. 消费者的购买意愿研究综述 [J]. 现代管理科学，2006（11）：7－9.

[9] 付竹. 文化距离、进入模式与绩效 [D]. 西南财经大学博士论文. 2010.

[10] 谷慧敏，李彬，牟晓婷. 中国饭店企业社会责任实现机制研究 [J]. 旅游学刊，2011，26（4）：56－65.

[11] 郝亚明，朱荟. "财富抵触"之社会根源性分析 [J]. 呼伦贝尔学报，2007，15（1）：26－28.

[12] 胡丰顺，重青林. 社会弱势群体财富抵触心理产生的原因及其化

解之道 [J]. 理论界, 2005 (11): 105 – 106.

[13] 胡桂英. 论炫富广告的心理学基础及负性心理分析 [J]. 江西社会科学, 2012 (9): 241 – 244.

[14] 黄敏学, 王峰, 谢亭亭. 口碑传播研究综述及其在网络环境下的研究初探 [J]. 管理学报, 2010, 7 (1): 139 – 146.

[15] 姜岩. 青少年炫耀性消费与企业营销策略 [J]. 销售与市场, 2010 (4): 24 – 27.

[16] 姜岩. 中国独生代消费者炫耀性消费动机的实证分析 [J]. 大连海事大学学报 (社会科学版), 2009, 8 (2): 52 – 56.

[17] 金立印. 企业社会责任运动测评指标体系实证研究 [J]. 中国工业经济, 2006 (6): 114 – 120.

[18] 卡罗尔, 巴克霍尔茨著, 黄煜平等译. 企业与社会——伦理和利益相关者的管理 [M]. 北京: 机械工业出版社, 2004.

[19] 克拉克. 财富的分配 [M]. 北京: 商务印书馆. 1959.

[20] 李贵成. 转型期社会弱势群体的财富抵触心理探析 [J]. 河南师范大学学报 (哲学社会科学版), 2007, 34 (4): 207 – 208.

[21] 李强. 社会分层与贫富差别 [M]. 厦门: 鹭江出版社, 2000.

[22] 李强. 中国目前的社会结构是倒"丁字形" [N]. 北京日报, 2006 – 02 – 20.

[23] 李强. 转型期的中国社会分层结构 [M]. 哈尔滨: 黑龙江人民出版社, 2002.

[24] 李时华, 龚志民. 从可持续发展战略看炫耀性消费 [J]. 消费经济, 2005, 21 (1): 65 – 68.

[25] 李淑英. 企业社会责任: 概念界定、范围及特质 [J]. 哲学动态, 2007 (4): 41 – 46.

[26] 李素芳. 浅析我国社会转型时期社会财富抵触心态 [J]. 广西青年干部学院学报, 2007, 17 (2): 74 – 76.

[27] 李素芳. 我国社会转型时期财富抵触心态研究 [J]. 南京师范大学硕士论文, 2005.

[28] 李雁晨，周庭锐，周琇. 解释水平理论：从时间距离到心理距离 [J]. 心理科学进展，2009，17（4），667-677.

[29] 厉以宁. 经济学的伦理问题 [M]. 北京：三联书店. 1995.

[30] 梁桂玲，刘金星. 东北农村居民消费行为分析：一个村庄的个案研究 [J]. 科技信息，2007（23）：592.

[31] 刘飞. 炫耀性消费——凡勃伦与布迪厄之比较 [J]. 消费经济，2005（3）：52-54.

[32] 刘红艳，李爱梅，王海忠，卫海英. 不同促销方式对产品购买决策的影响 [J]. 心理学报，2012，44（8）：1100-1113.

[33] 刘俊海. 公司的社会责任 [M]. 北京：法律出版社，1999.

[34] 刘连煜. 公司治理与公司社会责任 [M]. 北京：中国政法大学出版社，2001.

[35] 卢代富. 企业社会责任的经济学与法学分析 [M]. 北京：法律出版社，2004.

[36] 卢帆. 炫耀性消费：基于侨乡文化的分析 [J]. 经济与社会发展，2008，6（2）：117-119.

[37] 卢丽，范秀成，郑玉香，梁文宾. 炫耀性消费的营销理论 [J]. 经济管理，2006（15）：54-56.

[38] 马晨清. 财富抵触情结探析 [J]. 前沿，2004（9）：179-180.

[39] 马克斯·韦伯著，马奇炎，陈婧译. 新教伦理与资本主义精神 [M]. 北京：北京大学出版社，2012.

[40] 彭雪蓉，魏江，李亚男. 我国酒店业企业社会责任实践研究——对酒店集团15强CSR公开信息的内容分析 [J]. 旅游学刊，2013，28（3）：52-61.

[41] 戚译，李文娟. 自我概念归因与炫耀性消费行为关系的实证研究 [J]. 技术经济，2009，28（4）：118-122.

[42] 邵远红. 新时期我国社会财富抵触现象的社会学解读 [D]. 安徽大学硕士论文，2010.

[43] 沈洪涛. 公司社会责任与公司财务业绩关系研究 [D]. 厦门大学

博士学位论文，2005.

[44] 沈鹏熠. 旅游企业社会责任对目的地形象及游客忠诚的影响研究 [J]. 旅游学刊，2012，27（2）：72 – 79.

[45] 宋淑娟. 攻击行为理论研究综述 [J]. 社会心理科学，2002（4）：23 – 26.

[46] 苏志平，顾平. 基于供应链的旅游企业社会责任研究 [J]. 江苏科技大学学报（社会科学版），2010，10（3）：41 – 46.

[47] 孙春晨. 符号消费与身份伦理 [J]. 道德与文明，2008（1）：7 – 10.

[48] 孙吉信. 旅游业可持续发展中的伦理辩护 [J]. 旅游科学，2007，21（2）：69 – 72.

[49] 孙晓玲，张云，吴明证. 解释水平理论的研究现状与展望 [J]. 应用心理学，2007，13（2）：181 – 186.

[50] 唐海燕. 财富追求正当性的发展伦理原则探析 [J]. 伦理学研究，2011（2）：125 – 128.

[51] 赵孟营. 组织合法性：在组织理性与事实的社会组织之间 [J]. 北京师范大学学报（社会科学版），2005，2（188）：119 – 125.

[52] 王磊，莫逸红. 中国农村居民消费行为的实证分析 [J]. 金融经济，2010（10）：54 – 55.

[53] 王宁. 炫耀性消费：竞争策略还是规范遵从 [J]. 广东社会科学，2011（4）：196 – 209.

[54] 王世权，李凯. 企业社会责任结构：逻辑起点、概念模型与履约要义 [J]. 外国经济与管理，2009，31（6）：25 – 31.

[55] 王霞，于春玲，刘成斌. 时间间隔与未来事件效价：解释水平的中介作用 [J]. 心理学报，2012，44（6）：807 – 817.

[56] 王亦君. 中国慈善事业破垄断坚冰 [N]. 中国青年报，2005 – 04 – 27.

[57] 韦诗业. 化解财富抵触心理　构建和谐社会 [J]. 大庆师范学院学报，2007，27（3）：36 – 38.

[58] 谢霄男. 从经济哲学视角论中国人的"财富抵触心理" [J]. 广西青年干部学院学报，2012（3）：72 – 74.

[59] 辛杰. 企业社会责任研究 [D]. 山东大学博士论文，2009.

[60] 杨继绳. 当代中国社会阶层分析 [M]. 南昌：江西高校出版社，2011：352 – 356.

[61] 杨茜，江严. 财富抵触心理及其它 [J]. 心理世界，2006（3）：53 – 55.

[62] 姚建平. 从阶级到自我——西方消费方式研究的理论发展 [J]. 南京社会科学，2005（3）：47 – 53.

[63] 袁少锋，高英，郑玉香. 面子意识，地位消费倾向与炫耀性消费行为——理论关系模型及实证检验 [J]. 财经论丛，2009，146（9）：81 – 86.

[64] 张林，张向葵. 态度研究的新进展——双重态度模型 [J]. 心理科学进展，2003，11（2）：171 – 176.

[65] 张梦，杨颖，叶作亮. 酒店网络评论内容特征对消费者购买意愿的影响 [J]. 旅游学刊，2012，27（11）：97 – 104.

[66] 赵琼. 国外企业社会责任理论述评——企业与社会的关系视角 [J]. 广东社会科学，2007（4）：172 – 177.

[67] 郑海东. 企业社会责任行为表现：测量维度、影响因素及对企业绩效的影响 [D]. 浙江大学博士论文，2007.

[68] 郑若娟. 西方企业社会责任理论研究进展——基于概念演进的视角 [J]. 国外社会科学，2006（2）：34 – 39.

[69] 郑玉香，沈洁. 身份焦虑视角下的炫耀性消费动因分析 [J]. 商业时代，2011（8）：22 – 23.

[70] 郑玉香，袁少锋，高英. 基于 SMC 的炫耀性消费行为影响因素实证研究 [J]. 经济经纬，2008（2）：136 – 139.

[71] 钟毅平，申娟，吴坤. 风险决策任务中时间距离对框架效应的影响 [J]. 心理科学，2009，32（4）：920 – 922.

[72] 周荐. 2006 汉语新词语 [M]. 北京：商务印书馆，2007.

［73］周宪. 视觉文化的消费社会学解析［J］. 社会学研究，2004（5）：58 – 66.

［74］朱敏. 中国人财富抵触心理及其动机分析［D］. 南京师范大学硕士论文，2011.

［75］Allport G W Attitudes. In：C Murchison ed. Handbook of social psychology. Worcester. MA：Clark University Press，1935：798 – 844.

［76］Andereck K，Valentine K，Knopf R，et al. Residents' perceptions of community tourism impacts. Annals of Tourism Research，2005，32（4）：1056 – 1076.

［77］Aupperle K，Carroll A Hatfield J. An empirical examination of the relationship between corporate social responsibility and profitability. Academy of Management Journal，1985，28（2）：446 – 463.

［78］Bagwell L S，Bernheim B D. Veblen effects in a theory of conspicuous consumption. The American Economic Review，1996：349 – 373.

［79］Ellen S，Mohr L，Webb J. Charitable programs and the retailer：Do they mix? Journal of Retailing，2000，76（3）：393 – 406.

［80］Mitchell R，Agle B，Wood D. Toward a theory of stakeholder identification and salience：Defining the principle of who and what really counts Academy of Management Review，1997，22（4）：853 – 886.

［81］Neiheisel R. Corporate Strategy and the Politics of Goodwill：A Political Analysis of Corporate Philanthropy in America New York：Peter Lang Publishing. 1994.

［82］Bar – Anan Y，Liberman N，Trope Y. The association between psychological distance and construallevel：evidence from an implicit association test. Journal of Experimental Psychology：General，2006（135）：609 – 622.

［83］Baron R，Byrnt D，Suls J. Exploring social psychology. 3th ed. Allyn and Bacon，1988：79 – 82.

［84］Basu K，Palazzo G. Corporate social responsibility：A process model of sensemaking. Academy of Management Review，2008，33（1）：122 – 136.

［85］ Berens G，van Riel C，van Bruggen G. Corporate associations and consumer product responses：The moderating role of corporate brand dominance. Journal of Marketing，2005，69（3）：35 – 48.

［86］ Berkowitz L. Aggression：Its causes，consequences，and control. Mcgraw – Hill Book Company，1993.

［87］ Berry L. Cultivating service brand. Journal of the Academy of Marketing Science，2000，28（1）：128 – 137.

［88］ Bhattacharya C，Sen S. Doing better at doing good：When，why，and how consumer respond to corporate social initiatives. California Management Review，2004，47（1）：9 – 24.

［89］ Bowen H. Social responsibility of the businessman. New York：Harper & Row，1953.

［90］ Brown T，Dacin P. The company and the product：Corporate associations and consumer product responses. Journal of Marketing，1997，61（1）：68 – 84.

［91］ Bruce E. Sensation and Perception. 2010，Cengage Learning.

［92］ Carroll A. A three-dimensional conceptual model of corporate performance. Academy of Management，1979，4（4）：497 – 505.

［93］ Carroll A. Corporate social responsibility evolution of a definitional construct. Business Society，1999，38（3）：268 – 295.

［94］ Clarkson M E. A stakeholder framework for analyzing and evaluating corporate social performance. Academy of management review，1995，20（1）：92 – 117.

［95］ Dahlsrud A. How corporate social responsibility is defined：an analysis of 37 definitions. Corporate Social Responsibility and Environmental Management，2008，15（1）：1 – 13.

［96］ Dawar N，Pillutla M. Impact of Product – Harm Crises on Brand Equity：The Moderating Role of Consumer expectations. Journal of Marketing Research，2000，37（2）：215 – 226.

[97] de Grosbois D. Corporate social responsibility reporting by the global hotel industry: Commitment, initiatives and performance. International Journal of Hospitality Management, 2011, 31 (3): 896 – 905.

[98] Dhar R, Kim E Y. Seeing the forest or the trees: Implications of construal level theory for consumer choice. Journal of Consumer Psychology, 2007 (17): 96 – 100.

[99] Diamantis D. Green strategies for tourism worldwide. Travel and Tourism Analyst, 1999 (4): 89 – 112.

[100] Diehl K, Lamberton C. Great expectations?! Assortment size, expectations and satisfaction. Journal of Marketing Research, 2008: 24 – 29.

[101] Dodds W, Monroe K, Grewal D. Effects of Price, Brand, and Store Information on Buyers' Product Evaluations. Journal of Marketing Research, 1991, 28 (3): 307 – 319.

[102] Dollard J, Miller N, Doob L, Mowrer O & Sears R. Frustration and aggression. Yale University Press, 1939.

[103] Donaldson T, Dunfee T. Toward a Unified Conception of Business Ethics: Integrative Social Contracts Theoty, Academy of Management Review, 1994, 19 (2): 252 – 284.

[104] Donaldson T, Preston L E. The Stakeholder theory of the Corporation: Concepts, Evidence, and Implications, Academy of Management Review, 1995, 20 (1): 65 – 91.

[105] Elkingtion J. Cannibals with Forks. The Triple Bottom Line of 21st Century Business. 1997, Capstone Publishing Ltd., Oxford UK.

[106] Faulkner B, Mascardo G & Laws, E. (Eds.). Tourism in the 21st Century: Lessons from experience. 2000, London: Continuum.

[107] Feist G & Rosenberg E. Psychology: Making Connections. 2009, McGraw – Hill.

[108] Frangialli, F. Observations on international tourism. 1999, Madrid, Spain: World Tourism Organization.

[109] Freeman R. Strategic management： A stakeholder approach. Boston，MA： pitman. 1984.

[110] Freitas A L, Salovey P, Liberman, N. Abstract and concrete selfe-valuative goals. Journal of Experimental Social Psychology, 2001, 40 (6)： 739 – 752.

[111] Frey N, George R. Responsible tourism management： The missing link between business owners' attitudes and behavior in the Cape Town tourism industry. Tourism Management, 2010, 31 (5)： 621 – 628.

[112] Friedman M. Capitalism and freedom. 1962, University of Chicago Press.

[113] Fryxell G, Wang J. The fortune corporate "reputation" index, Reputation for what? . Journal of Management, 1994, 20 (1)： 1 – 14.

[114] Fujita K, Henderson M, Eng J, Trope Y, Liberman, N. Spatial distance and mental construal of social events. Psychological Science, 2006 (17)： 278 – 282.

[115] Geert, Hofstede. Culture's consequence： comparing values, behaviors, institutions and organizations across nations (Second Edition). 上海： 上海外语教育出版社, 2008.

[116] Gilbert D, Clark M. An exploratory examination of urban tourism impact, with reference to residents attitudes, in the cities of Canterbury and Guildford. Cited, 1997, 14 (6)： 343 – 352.

[117] Gilovich T, Kerr M, Medvec V. Effect of temporal perspective on subjective confidence. Journal of Personality and Social Psychology, 1993 (64)： 552 – 560.

[118] Gray J, Matear S, Matheson P. Improving the performance of hospitality firms. International Journal of Contemporary Hospitality Management, 2000, 12 (3)： 149 – 155.

[119] Griffin J, Mahon F. The Corporate Social Performance and Corporate Financial Performance Debate： 25 years of Incomparable Research. Business and

Society, 1997, 36 (1): 5 – 31.

[120] Gu H, Chris R. Ethics and corporate social responsibility – An analysis of the views of Chinese hotel managers. International Journal of Hospitality Management, 2011 (30): 875 – 885.

[121] Guchait P, Hamilton K. The temporal priority of team learning behaviors vs. shared mental models in service management teams. International Journal of Hospitality Management, 2013 (33): 19 – 28.

[122] Haralambopoulos N, Pizam A. Perceived impact of tourism: The case of Samos. Annuals of Tourism Research, 1996 (23): 503 – 526.

[123] Henderson J. Corporate social responsibility and tourism: Hotel companies in Phuker, Thailand, after the Indian Ocean tsunami. Hospitality Management, 2007, 26 (1): 228 – 239.

[124] Henderson M, Fujita K, Trope Y, Liberman N. Transcending the "Here": The effect of spatial distance on social judgment. Journal of Personality and Social Psychology, 2006, 91 (5): 845 – 856.

[125] Henderson M, Trope Y, Carnevale P. Negotiation from a near and distant time perspective. Journal of Personality and Social Psychology, 2006, 91 (4): 712 – 729.

[126] Henriques I, Sadorsky P. The relationship between environmental commitment and managerial perceptions of stakeholder important. Academy of Management Journal, 1999, 42 (1): 87 – 99.

[127] Herr P, Kardes F & Kim J. Effects of Word-of – Mouth and Product – Attribute Information on Persuasion: An Accessibility – Diagnosticity Perspective. Journal of Consumer Research, 1991, 17 (4): 454 – 462.

[128] Hilton J, Von Hippel W. Stereotypes. Annual Review of Psychology, 1996 (47): 237 – 271.

[129] Houston M, Johnson S. Buyer-supplier contracts versus joint ventures: Determinants and consequences of transaction structure. Journal of Marketing Research, 2000, 37 (2): 1 – 15.

［130］Husted B, Salazar J. Taking Friedman Seriously：Maximizing Profits and Social Performance. Journal of Management Studies, 2006, 43（1）：75 – 91.

［131］Inoue Y, Lee S. Effects of different dimensions of corporate social responsibility on corporate financial performance in tourism-related industries. Tourism Management, 2011, 32（4）：790 – 804.

［132］Jain S, Maheswaran D. Motivated Reasoning：A Depth of Processing Perspective. Journal of Consumer Research, 2000（26）：358 – 371.

［133］Jaramillo F. Conspicuous consumption and social segmentation. Journal of Public Economic Theory, 2003, 5（1）：1 – 24.

［134］Jensen M. Foundations of Corporate Strategy. 1998, Cambridge, MA：Harvard University Press.

［135］Jensen M, Meckling W. Theory of the Firm：Managerial Behavior, Agency Costs and Ownership Structure. Journal of Financial Economics, 1976（3）：305 – 360.

［136］Jin L, He Y, Song H. Service customization：To upgrade or to downgrade? An investigation of how option framing affects tourists' choice of package-tour services. Tourism Management, 2012, 33（2）：266 – 275.

［137］Johnson J, Snepenger D, Akis S. Residents' perceptions of tourism development. Annals of Travel Research, 1994, 21（3）：629 – 642.

［138］Jones T. Instrumental Stakeholder Theory：A Synthesis of Ethics and Economics. Academy of Management Review, 1995, 20（2）：404 – 437.

［139］Jurgen H. Communication and the Evolution of Society. Boston：Beacon press, 1979.

［140］Kasim A. The need for business environmental and social responsibility in the tourism industry. International Journal of Hospitality & Tourism Administration, 2006, 7（1）：1 – 22.

［141］Kim H, John D. Consumer response to brand extensions：Construal level as a moderator of the importance of perceived fit. Journal of Consumer Psychology, 2008（18）: 116 – 126.

［142］ Kim M G, Mattila A S. The impact of mood states and surprise cues on satisfaction. International Journal of Hospitality Management, 2010, 29（3）: 432 – 436.

［143］ Kristof A. Person – Organization Fit: An Integrative Review of Its Conceptualizations, Measurement, and Implications. Personnel Psychology, 1996, 49（1）: 1 – 49.

［144］ Kühberger A. The influence of framing on risky decisions: A meta-analysis. Organizational behavior and human decision processes, 1998, 75（1）: 23 – 55.

［145］ Lancaster K. Consumer Demand. New York: Columbia University Press, 1971.

［146］ Lee S K, Jang S C S. Is hiding fair? Exploring consumer resistance to unfairness in opaque pricing. International Journal of Hospitality Management, 2013.

［147］ Lee S, Park S. Do socially responsible activities help hotels and casinos achieve their financial goals?. International Journal of Hospitality Management, 2009, 28（1）: 105 – 112.

［148］ Lee Y, Kim Y, Lee K, Li D. The impact of CSR on relationship quality and relationship outcomes: A perspective of service employees. International Journal of Hospitality Management, 2012（31）: 745 – 756.

［149］ Leibenstein H. Bandwagon, Snob, and Veblen Effects in Theory of Consumers' Demand. The Quarterly of Economics, 1950, 64（2）.

［150］ Libai B, Bolton R, Bügel M S, et al. Customer-to-customer interactions: Broadening the scope of word of mouth research. Journal of Service Research, 2010, 13（3）: 267 – 282.

［151］ Liberman N, Sagristano M, Trope Y. The effect of temporal distance on level of mental construal. Journal of Experimental Social Psychology, 2002, 38（6）: 523 – 534.

［152］ Liberman N, Trope Y. The Role of Feasibility and Desirability Considerations in Near and Distant Future Decisions: A Test of Temporal Construal Theory. Journal of Personality and Social Psychology, 1998, 75 (1): 5 – 18.

[153] Liberman N, Trope Y, McCrea S, Sherman S. The eVect of level of construal on the temporal distance of activity enactment. Journal of Experimental Social Psychology, 2007 (43): 143 – 149.

[154] Lichtenstein D, Drumwright M, Braig B. The effect of corporate social responsibility on customer donations to corporate-supported nonprofits. Journal of Marketing, 2004, 68 (4): 16 – 32.

[155] Lichtenstein S, Slovic P. The construction of preference. 2006, New York: Cambridge University Press.

[156] Liu J, Var T. Resident attitudes towards tourism impacts in Hawaii. Annuals of Tourism Research, 1986 (13): 193 – 214.

[157] Luo X, Bhattacharya C. Corporate social responsibility, customer satisfaction, and market value, 2006, 70 (5): 1 – 18.

[158] Magnini V P. The influence of collectivism in restaurant selection: A sentence completion experiment. International Journal of Hospitality Management, 2010, 29 (1): 191 – 193.

[159] Maignan I, Ferrell O. Corporate social responsibility and marketing: An integrative framework. Journal of The Academy of Marketing Science, 2004, 32 (1): 3 – 19.

[160] Mantel S P, Kardes F R. The role of direction of comparison, attribute-based processing, and attitude-based processing in consumer preference. Journal of Consumer Research, 1999, 25 (4): 335 – 352.

[161] McColl S, Martin R. Community attachment and attitudes toward tourism development. Journal of Travel Research, 1994, 32 (winter): 29 – 34.

[162] McWilliams A, Siegel D, Wright P. Corporate social responsibility: strategic implications. Journal of Management Studies, 2006, 43 (1): 1 – 18.

[163] McWilliams A, Siegel D. Corporate social responsibility: A theory of the firm perspective. Academy of Management Review, 2001, 26 (1): 117 –

127.

［164］ Mitchill R, Agle B, Wood D. Toward a Theory of Stakeholder Identification and Salience: Defining the Principle of Who and Counts. Academy of Management Review, 1997, 22 (4): 853 – 886.

［165］ Morosan C, Jeong M. Users' perceptions of two types of hotel reservation Web sites. International Journal of Hospitality Management, 2008, 27 (2): 284 – 292.

［166］ Nelson T E, Clawson R A, Oxley Z M. Media framing of a civil liberties conflict and its effect on tolerance. American Political Science Review, 1997: 567 – 583.

［167］ Nussbaum S, Trope Y, Liberman N. Creeping dispositionism: The temporal dynamics of behavior prediction. Journal of Personality and Social Psychology, 2003, 84 (3): 485.

［168］ O'Cass A, McEwen H. Exploring consumer status and conspicuous consumption. Journal of Consumer Behaviour, 2006, 4 (1): 25 – 39.

［169］ Park C, Young S. Consumer Response to Television Commercials: The Impact of Involvement and Background Music on Brand Attitude Formation. Journal of Marketing Research, 1986, 23 (1): 11 – 24.

［170］ Patterson P, Johnson L, Spreng R. Modeling the Determinants of Customer Satisfaction for Business-to – Business Professional Services. Journal of the Academy of Marketing Science, 1997, 25 (1): 4 – 17.

［171］ Perdue R, Long P, Allen L. Rural resident tourism perceptions and attitudes. Annuls of Travel Research, 1978, 16 (4): 8 – 12.

［172］ Porter M, Kramer M. Strategy & society: The link between competitive advantage and corporate social responsibility. Harvard Business Review, 2006, 84 (12): 78 – 92.

［173］ Preston L, O'Bannon D. The corporate social-financial performance relationship: A typology and analysis. Business and Society, 1997 (36): 419 – 429.

［174］ Robert A, Baron B. Social psychology. Allyn and Bacon Press, 1994:

130.

［175］ Rodriguez F，Cruz Y. Relation between social-environmental responsibility and performance in hotel firms. International Journal of Hospitality Management，2007，26（4）：824 – 839.

［176］ Rosenow J，Pulsipher G. Tourism，the Good，the Bad and the Ugly. 1979，Lincoln：Century Three Press.

［177］ Schwartz M，Carroll A. Corporate social responsibility：a three-domain approach. Business Ethics Quarterly，2003，13（4）：503 – 530.

［178］ Scott B，Richard J，George E. The Role of Attitude toward the Ad as a Mediator of Advertising Effectiveness：A Test of Competing Explanations. Journal of Marketing Research，1986，23（2）：130 – 143.

［179］ Sen S，Bhattacharya B. Does doing good always lead to doing better? Consumer reactions to corporate social responsibility. Journal of Marketing，2001，38（2）：225 – 243.

［180］ Sheldon O. A professional creed for managers，in Merrill，H. F.（Ed.)，Classics in management：American Management Association，1923.

［181］ Smidts A，Pruyn A，Van Riel C. The impact of employee communication and perceived external prestige on organizational identification. Academy of Management Journal，2001（49）：1051 – 1062.

［182］ Stabler M. Tourism and sustainability：Principles to practices. CAB International New York，1997.

［183］ Tasci A D A，Gartner W C，Cavusgil S T. Measurement of destination brand bias using a quasi-experimental design. Tourism Management，2007，28（6）：1529 – 1540.

［184］ Trope Y，Liberman N. Temporal construal and time-dependent changes in preference. Journal of Personality and Social Psychology，2000（79）：876 – 889.

［185］ Trope Y，Liberman N. Temporal construal. Psychological Review，2003（110）：403 – 421.

［186］Trope Y, Liberman N, Wakslak C. Construal levels and psychological distance: Effects on representation, prediction, evaluation, and behavior. Journal of Consumer Psychology, 2007（17）: 83 – 95.

［187］Tsai W, Hsu J, Chen C, Lin W, Chen S. An integrated approach for selecting corporate social responsibility programs and costs evaluation in the international tourist hotel. International Journal of Hospitality Management, 2010, 29（3）: 385 – 396.

［188］Tse E, Ng P. Banyan tree hotels & resorts: Gauging investors' views on corporate social responsibility. The Center for Asian Business Cases, Case Number 03/173C, The University of Hong Kong, 2003.

［189］Tsiros M. Releasing the Regret Lock: Consumer Response to New Alternatives after a Sale. Journal of Consumer Research, 2009, 35（6）: 1039 – 1059.

［190］Ullmann A. Data in Search of a Theory: A Critical Examination of the Relationship among Social Performance, Social Disclosure and Economic Performance. Academy of Management Review, 1985, 10（3）: 550 – 577.

［191］UNEP. Making tourism more sustainable: A guide for policy make. United Nations Environment Program, Paris, 2005.

［192］Upmeyer A, Six B, et al. Attitudes and Behavioral Decisions, Springer Verlag New York Inc, 1989: 1 – 2.

［193］Vallacher R, Wegner D. Levels of Personal Agency: Individual Variation in Action Identification. Journal of Personality and Social Psychology, 1989, 57（4）: 660 – 671.

［194］Vallacher R, Wegner D. What do people think they're doing? Action identification and human behavior. Psychological Review, 1987（94）: 3 – 15.

［195］van der Lans R, van Bruggen G, Eliashberg J, Wierenga B. A Viral Branching Model for Predicting the Spread of Electronic Word of Mouth, Marketing Science, 2010, 29（2）: 348 – 365.

［196］Vance S. Are Socially Responsible Corporations Good Investment

Risks？ [M]. Academy of Management Review, 1975, 64 (8)：18 – 24.

[197] Wakslak C, Trope Y, Liberman N, Alony R. Seeing the forest when entry is unlikely: Probability and the mental representation of events. Journal of Experimental Psychology: General, 2006, 135 (4)：641 – 653.

[198] Walle A. Business ethics and tourism: from micro to macro perspectives. Tourism Management, 1995, 16 (4)：263 – 268.

[199] Wang K C, Hsieh A T, Chen W Y. Is the tour leader an effective endorser for group package tour brochures? . Tourism Management, 2002, 23 (5)：489 – 498.

[200] Wanger T, Lutz R, Weitz B. Corporate hypocrisy: Overcoming the threat of inconsistent corporate social responsibility perceptions. Journal of Marketing, 2009, 73 (6)：77 – 91.

[201] Wijk J, Persoon W. A long-haul destination: sustainability reporting among tour operators. European Management Journal, 2006, 24 (6)：381 – 395.

[202] Winterich K, Barone M. Warm glow or cold, hard cash? Social identify effects on consumer choice for Donation Versus Discount Promotions. Journal of Marketing Research, 2011, 48 (5)：855 – 868.

[203] Wong Y, Aaron C. Personal Taste and Family Face: Luxury Consumption in Confucian and Western Societies. Psychology & Marketing, 1998, 115 (5)：423 – 451.

[204] Wood D. Corporate Social Performance Revisited. The Academy of Management Review, 1991, 16 (4)：691 – 718.

[205] World Tourism Organization. International arrivals to top 1 billion by 2010. Retrieved 22/06/03 from http：//www. world-tourism. org/frameset/frame_ statistics. html, (1996, June).

[206] Zeithmal V, Berry L, Parasuraman A. The nature and determinants of customer expectations of service. Journal of the Academy of Marketing Science, 1993, 21 (1)：1 – 12.